STUDENT ACTIVITIES MANUAL

Réseau

Communication, Intégration, Intersections

Jean Marie Schultz
University of California, Santa Barbara

Marie-Paule Tranvouez
Wellesley College

Prentice Hall
Upper Saddle River   London   Singapore
Toronto   Tokyo   Sydney   Hong Kong   Mexico City

Senior Acquisitions Editor: *Rachel McCoy*
Editorial Assistant: *Bethany Gilmour Williamson*
Executive Marketing Manager: *Kris Ellis-Levy*
Marketing Coordinator: *William Bliss*
Development Editor for Assessment: *Melissa Marolla Brown*
Senior Managing Editor (Production): *Mary Rottino*
Associate Managing Editor Production and Project Manager: *Janice Stangel*
Composition/Full-Service Project Management: *Katrina Ostler and Sue McKinnon, Black Dot Group*
Media/Supplements Editor: *Meriel Martinez*
Senior Media Editor: *Samantha Alducin*
Editorial Coordinator/Assistant Developmental Editor: *Jennifer Murphy*
Senior Art Director: *Pat Smythe*
Art Director: *Miguel Ortiz*
Art Manager: *Gail Cocker-Bogusz*
Senior Operations Specialist: *Brian Mackey*
Operations Specialist: *Cathleen Petersen*
Publisher: *Phil Miller*
Printer/Binder: Bind-rite

This book was set in 11/14 AGaramond.

Prentice Hall
is an imprint of

www.pearsonhighered.com

ISBN-10: 0-13-159031-6
ISBN-13: 978-0-13-159031-1

Contents

1 Les relations familiales

Prononciation

 1-1 Quelques mots. Prononcez et enregistrez les mots ou expressions suivants. Attention à la prononciation du [i], du [y] et du [u].

[i]	[y]	[u]
une famille	juste	un couple
un fils	dispute	un époux
une fille	indulgent	la cour
un mari	nucléaire	l'amour
un enfant unique	puni	épouser

Vocabulaire

1-2 Mariage et enfants. Donnez le mot qui correspond à chaque définition.

l'aîné	élever des enfants	une femme au foyer	le jumeau
les arrière-grands-parents	un enfant unique	se fiancer à	le marié
le cousin	être enceinte	flirter	se marier avec
divorcer	la famille nucléaire	le gosse	un orphelin

1. une femme qui travaille à la maison : _____

2. un enfant qui n'a pas de parents : _____

3. devenir la femme ou le mari d'un(e) autre : _____

4. la famille traditionnelle : _____

5. les parents des grands-parents : _____

6. le fils de votre oncle ou de votre tante : _____

7. attendre un bébé : _____

8. mettre fin à un mariage : _____

9. un terme familier pour un enfant : _____

10. le plus âgé des enfants : _____

1-3 La famille. Écoutez les phrases suivantes et choisissez le mot qui correspond à la situation décrite.

1. grand-père   grand-mère

2. monoparentale   nucléaire

3. jumeaux   jumelles

4. divorce   mariage

5. poli   mal élevé

6. indulgent   sévère

7. s'entendent   se disputent

8. réprimande   compliment

9. gâtent   corrigent

10. puni   récompensé

1-4 La famille parfaite a-t-elle jamais existé ? Complétez le passage à l'aide des mots de la liste. Mettez tous les verbes à la forme qui convient et faites tous les autres changements nécessaires.

compréhensif	dispute	fossé	manque	sacrifice
désobéir	fonder	injuste	respecter	strict

On prétend que la famille moderne est moins unie que par rapport au passé. En réalité, il existe toujours un

(1) _____ entre générations. Par exemple, dans cette lettre retrouvée par hasard,

envoyée à son cousin Georges, mon père décrit ses relations avec son propre père, mon grand-père.

Cher Georges :

J'ai du mal à comprendre mon père. Il est très (2) _____ et ne supporte pas

que ses enfants lui (3) _____ . Il fait des (4) _____

pour ses enfants, mais il veut qu'ils fassent tous le métier qu'il leur impose. Il est parfois très

(5) _____ envers ses enfants parce qu'il ne tient pas compte de leurs désirs et de

leurs talents individuels. Quand les enfants essayent d'exprimer leurs idées, mon père ne veut pas toujours

écouter. Ce (6) _____ de communication mène à des

(7) _____ parfois assez sérieuses. Mon père travaille dur pour

(8) _____ un foyer et ses enfants doivent le (9) _____

et faire ce qu'il veut. Après tout, c'est pour leur propre bien. Cependant, si mon père était plus

(10) _____ , je crois que tous les membres de sa famille auraient de meilleurs

rapports avec lui.

Ton cousin, Philippe

Le présent de l'indicatif

 1-5 Les vacances en famille. Murielle parle de ses vacances en famille. Écoutez ce que Murielle dit et ensuite choisissez la réponse correcte.

1. Quand est-ce que la famille part en vacances ?
   a. en juin   b. en janvier   c. en juillet   d. en mars

2. Où se passent les vacances ?
   a. dans le Midi   b. en Bretagne   c. en Provence   d. en Normandie

3. Qui ne vient pas en vacances ?
   a. les amis   b. le grand-père   c. la grand-mère   d. les cousins

4. Quel temps fait-il en général ?
   a. Il fait mauvais.   b. Il fait du vent.   c. Il pleut.   d. Il fait beau.

5. Que font les enfants pendant les vacances ?
   a. Ils font la cuisine.   b. Ils vont à la pêche.   c. Ils font des promenades.   d. Ils chantent.

6. Que portent les enfants quand il pleut ?
   a. des maillots de bain   b. un anorak   c. un imperméable   d. des sandales

7. Qui fait la cuisine le plus souvent ?
   a. les parents   b. les grands-parents   c. les enfants   d. les cousins

8. Qu'est-ce que la famille mange souvent ?
   a. de la salade   b. des fruits de mer   c. de la glace   d. des légumes

9. Nommez une spécialité de la région.
   a. des tartes aux fruits frais   b. du coq au vin   c. des biscuits   d. des crêpes

10. Qui sait faire cette spécialité ?
    a. la vieille tante   b. la mère de la narratrice   c. la grand-mère   d. le grand-père

1-6 Rencontre entre mes grands-parents. Mettez les verbes entre parenthèses au présent de l'indicatif. Faites attention à l'accord entre le sujet et le verbe.

L'histoire d'amour de mes grands-parents (1) _____ (ne pas être) extraordinaire,

mais je la (2) _____ (trouver) très belle. C'est pendant la Deuxième Guerre

Mondiale et mon grand-père (3) _____ (se trouver) à Paris dans un bar avec

quelques autres soldats de son régiment. Il (4) _____ (voir) une jeune fille au

bar et c'est tout de suite le coup de foudre. Il (5) _____ (dire) à ses camarades

que c'est la femme qu'il (6) _____ (aller) épouser. Bien sûr, les autres

(7) _____ (rire) de lui. « Tu (8) _____ (ne pas

savoir) parler français et elle (9) _____ (ne pas connaître) un seul mot d'anglais.

Tu (10) _____ (être) complètement fou » ! Cependant, mon grand-père

(11) _____ (refuser) de les écouter et pendant qu'il est à Paris, il

(12) _____ (faire) la cour à cette belle jeune Française aimable. Petit à petit, ils

(13) _____ (apprendre) à se comprendre, et après deux semaines pendant lesquelles

ils (14) _____ (s'entendre) très bien, ils (15) _____

(se fiancer).

1-7 La vie conjugale de mes grands-parents. Mettez les verbes entre parenthèses au présent de l'indicatif. Faites attention à l'accord entre le sujet et le verbe.

La guerre est finie. Mes grands-parents (1) _____ (se marier) et

(2) _____ (venir) aux États-Unis pour fonder leur foyer. Après quelques années, ils

(3) _____ (avoir) deux enfants, ma mère et mon oncle Philippe. Mes grands-parents

(4) _____ (devoir) travailler dur et faire des sacrifices pour leurs deux enfants. Mais,

ils les (5) _____ (élever) bien. Comme mon oncle Philippe est assez rebelle, mon

grand-père (6) _____ (le gronder) de temps en temps. Néanmoins, ma mère et son

frère (7) _____ (être) plutôt sages, ils (8) _____

(désobéir) rarement, et alors mes grands-parents (9) _____ (ne pas les punir)

sévèrement. Mes grands-parents (10) ne _____ (vouloir) que le bien de leur famille.

Nom: _____   Date: _____

Être en train de et *venir de*

1-8 Mon frère et ma sœur sont insupportables ! Remplacez les blancs par **être en train de** ou **venir de** selon le sens. N'oubliez pas de conjuguer les verbes.

Mon frère et ma sœur (1) _____ se disputer. Évidemment, mon petit frère

(2) _____ prendre la poupée de ma sœur. Alors, maintenant, elle

(3) _____ pleurer. Heureusement que je (4) _____

terminer le roman que je lisais. J'ai souvent l'impression d' (5) _____ intervenir

dans leurs disputes !

Réflexion culturelle

1-9 Journal de réflexions personnelles. Selon l'article d'Asselin et de Mastron « Français-Américains, Ces différences qui nous rapprochent », la première responsabilité des parents français est d'apprendre à leurs enfants à vivre en société et à s'adapter au monde des adultes. Que pensez-vous de cette idée ? À votre avis, est-ce que les Français ont raison ? Sont-ils trop stricts envers leurs enfants ? Imaginez qu'un étranger réprimande votre enfant qui ne se comporte pas bien en public ; décrivez votre réaction.

_____

_____

_____

_____

_____

_____

_____

_____

_____

© 2010 Pearson Education, Inc.

Les expressions temporelles : *Depuis, Il y a...que, Voici...que, Voilà...que, Cela (Ça) fait...que*

 1-10 Armelle va se fiancer. Armelle vient annoncer à sa grand-mère qu'elle va se fiancer avec Adrien. Sa grand-mère est curieuse et lui pose de nombreuses questions. Que lui dit Armelle ? Complétez sa réponse à l'aide de l'expression de temps qui convient. Ne changez pas l'expression temporelle que vous entendez.

MODÈLE :   Vous entendez :   Quand as-tu rencontré Adrien pour la première fois ?

Prompt :   5 ans

Vous écrivez :   J'ai rencontré Adrien pour la première fois *il y a cinq ans.*

1. Je connais Adrien _____.

2. _____ que nous voulons nous fiancer.

3. Il travaille à Paris _____.

4. Il a fait des études _____.

5. _____ que je sors avec lui.

6. Oui, je suis heureuse _____.

7. Nous vivons ensemble _____.

8. _____ que je travaille à Paris.

9. Je travaille dans mon nouvel emploi _____.

10. _____, et puis je vais chercher autre chose.

1-11 La vie de Marie. Complétez les phrases en choisissant l'expression de temps qui convient.

1. Marie a divorcé de son premier mari (il y a / pendant) cinq ans.

2. (Depuis / Voici) son divorce elle profite de son temps libre pour suivre des cours à l'université.

3. (Pendant / Cela fait) déjà deux ans qu'elle apprend le français.

4. (Depuis / Voilà) qu'elle étudie le français, elle meurt d'envie d'aller en France.

5. L'été dernier, Marie a pu enfin faire des études dans une université française (pendant / depuis) six semaines.

1-12 Hélène découvre la famille française. Remplacez les blancs par **cela fait, depuis, depuis…que, il y a, il y a…que, voilà…que, voici…que** ou **pendant**, selon le cas.

(1) _____ dix mois qu'Hélène vit en France. (2) _____

son arrivée, ses idées sur l'éducation des enfants ont beaucoup changé. (3) _____

longtemps, elle a pensé que les Américains élevaient bien leurs enfants parce qu'ils respectent l'individualité de

chaque enfant et essaient de ne pas limiter sa créativité. Cependant, en France, Hélène a l'occasion de vivre dans

une famille française (4) _____ de nombreux mois. Le père et la mère grondent

leurs enfants souvent mais pour mieux les élever. Hélène trouve les enfants plus disciplinés par rapport aux

enfants américains qu'elle connaît. Alors, (5) _____ elle vit en France, l'attitude

d'Hélène envers le style parental des Français et des Américains a évolué.

Depuis combien de temps, pendant combien de temps ou depuis quand

1-13 Mes parents. Écrivez avec **depuis/pendant combien de temps** ou **depuis quand** la question qui correspond aux réponses données.

1. Mes parents sont mariés depuis plus de vingt ans.

   _____ tes parents sont-ils mariés ?

2. Ils se connaissent depuis 1975.

   _____ se connaissent-ils ?

3. Ils ont vécu ensemble pendant cinq ans avant d'avoir des enfants.

   _____ ont-ils vécu ensemble avant d'avoir des enfants ?

4. Ils suivent des cours de danse depuis deux ans.

   _____ suivent-ils des cours de danse ?

5. Ils partent souvent en croisière depuis que mon frère et moi avons quitté la maison.

   _____ partent-ils en croisière ?

Réflexion littéraire

1-14 Journal de réflexions sur le texte littéraire. Quelles sont vos premières réactions au conte de Ionesco ? Connaissez-vous des enfants comme Josette ? Selon ce que vous savez au sujet des enfants français, est-ce que Josette est typique ? Est-ce que ses parents sont typiquement français ?

_____

_____

_____

_____

_____

L'impératif

1-15 Conseils à une jeune maman. Deux mamans parlent ensemble. La première maman parle de sa vie après la naissance de son fils, son premier enfant. La deuxième maman a beaucoup d'idées sur tout. Reconstituez ses conseils en utilisant l'impératif. Utilisez le verbe de la phrase que vous entendez dans votre réponse.

MODÈLES :   Vous entendez :   Mon fils ne se couche jamais tôt.

　　　　　　　　Vous écrivez :   *Couche* ton fils à des heures régulières !

　　　　　　　　Vous entendez :   Mon mari et moi ne dormons pas assez.

　　　　　　　　Vous écrivez :   *Dormez* plus !

1. _____ une baby-sitter de temps en temps !

2. _____ des amis qui ont des enfants !

3. _____ -lui des histoires !

4. _____ dans la journée !

5. _____ -lui des carottes et des compotes !

6. _____ une femme de ménage !

7. _____ à la mer !

8. _____ le week-end !

9. _____ une école Montessori !

10. _____ plus patiente !

1-16 Les parents et les enfants. Faites des impératifs selon le modèle.

MODÈLE :   Une mère dit à ses enfants de manger leurs haricots verts.

Mangez vos haricots !

1. Vous dites à votre sœur de ranger sa chambre.

_____ ta chambre !

2. Votre père vous dit d'attendre une minute.

_____ une minute !

3. Une mère dit à ses enfants de choisir ensemble le film qu'ils vont regarder.

_____ ensemble le film que nous allons regarder !

4. Des parents ordonnent à leurs enfants de savoir se tenir à table.

_____ vous tenir à table !

5. Un père propose à toute la famille d'aller au nouveau restaurant chinois.

_____ tous au nouveau restaurant chinois !

6. Votre grand-mère vous dit de ne pas être en retard.

_____ en retard !

7. Votre mère dit à votre petit frère d'avoir de la patience.

_____ de la patience !

8. Votre père vous dit de vous réveiller tôt le lendemain.

_____ tôt demain matin !

9. Votre grand-père dit à tous ses petits enfants de ne pas s'endormir devant la télévision.

_____ devant la télévision !

10. Vos parents vous disent de finir vos devoirs.

_____ tes devoirs !

1-17 Dictée : L'anniversaire de Josette. Vous allez écouter cette histoire en entier. Puis chaque phrase sera relue et vous la retranscrirez. Ensuite, le texte sera relu en entier une dernière fois.

_____

_____

_____

_____

_____

_____

_____

_____

_____

_____

_____

_____

2 Masculin/féminin : rôles, droits, responsabilités

Prononciation

 2-1 Quelques mots. Prononcez et enregistrez les mots ou expressions suivants. Attention à la prononciation du e muet [ə], du é [e] et du è [ɛ]:

[ə]	[e]	[ɛ]
un avortement	l'amitié	fidèle
la lune de miel	le fiancé	une crèche
la pelouse	la liberté	une carrière
une petite amie	l'égalité	une bouchère
calmement	libéré	un élève

Vocabulaire

2-2 Vivre ensemble. Donnez le mot qui correspond à chaque définition.

s'entendre bien avec	la limitation des naissances	s'occuper des enfants	tondre la pelouse
faire la lessive	la lune de miel	un petit ami	
faire la vaisselle	se marier avec	sortir avec	

1. laver les assiettes, les verres, le couvert : _____

2. laver le linge : _____

3. avoir un rendez-vous avec un ami : _____

4. les vacances des nouveaux-mariés : _____

5. un ami spécial : _____

6. avoir de bons rapports avec quelqu'un : _____

7. épouser quelqu'un : _____

8. contrôler le nombre d'enfants qui sont nés : _____

9. couper l'herbe : _____

10. faire attention aux enfants : _____

2-3 Vie de couple. Écoutez les phrases suivantes et choisissez le mot qui correspond à la situation décrite.

1. jaloux	amoureux	exigeant
2. trompe	embrasse	sort
3. s'entend bien	se marie avec	est amoureuse
4. cherche un emploi	poursuit une carrière	trouve un emploi
5. fait les courses	fait du jardinage	fait le marché
6. fait la lessive	fait le ménage	passe l'aspirateur
7. élève ses enfants	refuse les rôles traditionnels	enseigne à des petits enfants
8. se fiance	se marie	divorce
9. fidèle	séduisant	infidèle
10. la discrimination	le machisme	l'égalité

2-4 Avoir une carrière et une famille n'est pas toujours facile. Complétez le passage à l'aide d'un des mots de la liste. N'oubliez pas de conjuguer les verbes, si nécessaire.

à travail égal	s'épanouir	réussir
crèche	être dans la vie active	travailler à mi-temps
l'emploi	le harcèlement sexuel	travailler à plein temps

Quand une femme a de jeunes enfants, elle préfère souvent (1) _____, surtout le

matin quand les enfants sont à l'école. Si les enfants sont trop jeunes et si la famille n'a pas de parents qui

habitent près de chez eux, une (2) _____ est essentielle. Surtout pour les femmes

qui décident de ne pas travailler pendant que leurs enfants sont jeunes, (3) _____

après plusieurs années à la maison peut poser des problèmes. Alors, souvent, les femmes qui

(4) _____ professionnellement n'ont pas de famille ou ont beaucoup d'aide à la

maison. Comme le métier d'une personne souvent la valorise, il est important de trouver des moyens

pour aider tout le monde à (5) _____ dans son travail.

Le genre des noms

2-5 Masculin ou féminin. Indiquez si les mots suivants sont masculins (**M**) ou féminins (**F**).

MODÈLES :   âge : *M*   marmelade : *F*

1. liberté : _____

2. plage : _____

3. indépendance : _____

4. socialisme : _____

5. armoire : _____

6. microphone : _____

7. or : _____

8. salade : _____

9. bureau : _____

10. eau : _____

Formation du féminin

2-6 Féminin. Écrivez le féminin des mots que vous entendez.

1. _____ 6. _____

2. _____ 7. _____

3. _____ 8. _____

4. _____ 9. _____

5. _____ 10. _____

2-7 Professions. Donnez le féminin des mots **en gras**. N'oubliez pas de faire tous les accords nécessaires.

MODÈLE : **Mon frère** a **un enfant**. *Ma sœur a une enfant.*

1. **Le jeune avocat** exerce un métier intéressant.

_____ exerce un métier intéressant.

2. **Mon oncle** préfère consulter **un médecin**.

_____ préfère consulter _____.

3. Ces **deux instituteurs** sont des **jumeaux**.

Ces _____ sont des _____.

4. **Le jeune veuf** est devenu **le directeur** de l'entreprise.

_____ est devenue _____ de l'entreprise.

5. Mes **deux neveux** sont des **employés sérieux**.

Mes _____ sont des _____.

6. **Ce chanteur** a une très belle voix.

_____ a une très belle voix.

7. **Le champion** de l'équipe est tout de même très modeste.

_____ de l'équipe est tout de même très modeste.

Le pluriel des noms

2-8 Fragments de conversation. Mettez les mots entre parenthèses au pluriel.

1. (détail) Les _____ de ce cas sont très compliqués.

2. (étudiant, travail pratique) En général, les _____ n'aiment pas faire les

   _____ , mais ils savent que c'est nécessaire.

3. (bijou) Ce bijoutier vend des _____ extraordinaires.

4. (monsieur, madame) _____ et _____ , je vous

   souhaite la bienvenue !

5. (œil) Mon patron a les _____ bleus.

6. (bureau) Les _____ des cadres de ces entreprises sont tous très somptueux.

7. (canal) La plupart des _____ de Venise sont navigables.

8. (prix) Les _____ de ce magasin sont toujours bons.

Réflexion culturelle

2-9 Journal de réflexions personnelles. Répondez à une des questions suivantes.

1. Quelle est votre première réaction au texte de Lautrou « Mon chef est une femme … et alors ? » ?

2. À votre avis est-ce que les femmes et les hommes ont un style de management différent ?

_____

_____

_____

_____

_____

_____

_____

L'article défini, indéfini et partitif

 2-10 Conversation entre deux collègues. Marcel et Lucile ne voient pas leur chef, Mme Bertrand, de la même façon. Lucile dit le contraire de Marcel. Complétez les réponses de Lucile en employant le partitif.

MODÈLE :   Vous entendez : Elle n'a pas d'autorité !

             Vous écrivez : Mais si, elle a *de l'autorité*.

1. Mais si, elle a _____.

2. Mais si, elle nous donne _____.

3. Mais non, elle ne fait pas _____ tout le temps.

4. Mais si, elle a _____.

5. Mais non, elle n'a pas _____.

6. Elle ne possède pas _____.

7. Mais si, elle a _____.

8. Mais non, elle ne donne pas _____ à faire le week-end.

2-11 Jérôme et Sylvie. Remplacez les blancs par l'article défini, indéfini ou partitif, selon le cas. Faites attention à la négation du partitif et aux contractions et liaisons.

« Les Choses » de l'auteur Georges Perec (1936–1982) est (1) _____ histoire d'un

jeune couple, Jérôme et Sylvie, qui essaie de trouver (2) _____ bonheur en

accumulant (3) _____ choses. (4) _____ deux jeunes

gens sont de familles modestes. (5) _____ mère de Sylvie était secrétaire, et celle

de Jérôme était coiffeuse. À cause de leur situation économique familiale, Jérôme et Sylvie détestent

(6) _____ pauvreté. À Paris, tous deux cherchent

(7) _____ emploi dans (8) _____ publicité,

une carrière qui leur permet de créer (9) _____ rêves pour

(10) _____ autres et de gagner leur vie.

2-12 Jérôme et Sylvie ne sont jamais satisfaits. Remplacez les blancs par l'article défini, indéfini ou partitif, selon le cas. Faites attention à la négation du partitif et aux contractions et liaisons.

D'abord, Jérôme et Sylvie trouvent (1) _____ vieil appartement dans un beau

quartier modeste de Paris où ils sont contents. Cependant, (2) _____ vide

(emptiness) de (3) _____ appartement les opprime. Après tout, ils veulent

(4) _____ beauté dans leur vie quotidienne. Ils achètent alors

(5) _____ lit, (6) _____ table et

(7) _____ rideaux *(curtains)* entre autres choses. Pour se donner l'impression

d'être riches, Jérôme et Sylvie passent leur temps libre à chercher (8) _____

objets rares. Malheureusement, les deux jeunes gens ne sont jamais heureux parce qu'il n'y a pas

(9) _____ objets suffisants pour satisfaire à leurs désirs. Ils décident alors d'aller en

Tunisie pour refaire leur vie, mais c'est (10) _____ échec total. Jérôme ne trouve

pas (11) _____ emploi et ils doivent vivre sur le salaire de Sylvie, qui n'est pas

suffisant pour leur permettre d'acheter tout ce qu'ils veulent. Finalement, Jérôme et Sylvie retournent à Paris,

mais à (12) _____ fin du roman, ils quittent la ville de nouveau pour aller à la

campagne. Est-ce qu'ils vont jamais trouver le bonheur ? Ce n'est pas évident.

Réflexion littéraire

2-13 Journal de réflexions sur le texte littéraire. Quelles sont vos premières réactions à l'extrait du « Deuxième Sexe » de Simone de Beauvoir ? Est-ce que ses idées ont encore de la validité aujourd'hui ou est-ce que nous avons résolu les problèmes de l'inégalité entre les sexes ?

_____

_____

_____

_____

_____

Les adverbes de quantité

2-14 Le manager idéal. Vous allez entendre un ensemble de déclarations sur les qualités d'un bon manager. Vous allez insister sur ses qualités en employant un adverbe de quantité.

MODÈLE :   Vous entendez : Il lui faut du talent.

                          beaucoup de

              Vous écrivez : Il lui faut *beaucoup de talent.*

1. Il lui faut _____.

2. Il doit donner _____ aux nouveaux.

3. Il a besoin de _____.

4. Son équipe doit avoir _____.

5. Il prend _____.

6. Il a besoin d' _____.

Les adverbes de quantité et les expressions idiomatiques
avoir besoin de, avoir envie de, manquer de, se passer de

2-15 Pour réussir au travail. Remplacez les tirets par l'expression de la liste qui convient en ajoutant **de** ou **de + l'article défini**, selon le cas. N'oubliez pas de conjuguer les verbes et de faire tous les changements nécessaires. N'utilisez chaque terme qu'une seule fois.

assez	avoir envie	manquer	peu	plus / moins
avoir besoin	beaucoup	se passer	la plupart	trop

1. Pour _____ gens avoir un bon emploi intéressant est une nécessité économique

   et psychologique.

2. Pour se réveiller le matin, _____ gens _____ café.

3. Si une personne _____ compétence dans son travail, elle risque d'être virée *(fired)*.

4. Si mon ami avait _____ argent et _____ dettes, sa

   vie ne serait pas si stressante.

5. Quand on _____ changer de métier, il faut réfléchir sérieusement à ses choix et

   à leurs conséquences.

6. Quand on veut réussir professionnellement au début de sa carrière, il faut souvent apprendre

   à _____ loisirs *(leisure activities)*. Mais quand on a

   _____ travail et pas _____ temps libre,

   on risque également de devenir fatigué et stressé.

2-16 Dictée : Mon chef est une femme. Vous allez écouter ce récit en entier. Puis chaque phrase sera relue et vous la retranscrirez. Ensuite, le texte sera relu en entier une dernière fois.

_____

_____

_____

_____

_____

_____

_____

3 La vie urbaine

Prononciation

 3-1 Quelques mots. Prononcez les mots ou expressions suivants. Attention à la prononciation du an [ã], du in [ɛ̃] et du on [ɔ̃]:

[an]	[in]	[on]
la banlieue	inhumain	un pavillon
le centre	un citadin	sombre
l'ennui	l'insécurité	une annonce
un mendiant	un terrain	le béton
tranquille	interdit	encombré

Vocabulaire

3-2 Quelques définitions. Donnez le mot qui correspond à chaque définition.

animé	un centre commercial	être situé	fréquenter	rénové
une boîte de nuit	efficace	la foule	se perdre	tranquille

1. récemment refait : _____

2. aller souvent : _____

3. grand groupe de gens : _____

4. une discothèque : _____

5. se trouver : _____

6. ne pas savoir où l'on se trouve : _____

7. beaucoup d'activités : _____

8. pas bruyant : _____

9. un endroit où il y a beaucoup de magasins : _____

10. productif en peu de temps : _____

3-3 Albert cherche un appartement à Paris. Complétez le passage en choisissant l'expression de la liste qui convient.

un appartement de	étage	paisible	propriétaires
trois pièces	immeuble	la périphérie	transports en commun
ascenseur	le loyer	les petites annonces	

Albert va passer sa troisième année d'université à Paris et il a besoin de trouver un appartement. Chaque jour il

lit (1) _____ pour trouver (2) _____. Il contacte

plusieurs (3) _____, mais (4) _____ est toujours trop

cher. Alors, il décide de chercher à (5) _____ de Paris. Avec un système de

(6) _____ excellent, la distance du centre-ville ne posera peut-être pas de problème.

Finalement, dans un quartier (7) _____ Albert trouve un appartement convenable

au cinquième (8) _____ d'un bel (9) _____.

Heureusement, il y a un (10) _____.

3-4 Trouvez l'intrus. Choisissez le mot qui ne correspond pas à la définition que vous entendez.

1. maison	pavillon	espace vert	HLM
2. mendiant	loyer	clochard	SDF
3. quartier	centre	étage	périphérie
4. aller en boîte	visiter un musée	s'ennuyer	fréquenter un café
5. garer	agresser	attaquer	voler
6. délabré	vieux	abîmé	rénové
7. se promener	flâner	louer	se balader

Adjectifs

3-5 Féminin. Mettez les adjectifs entre parenthèses au féminin.

1. (original) C'est une œuvre _____.

2. (premier) Cet immeuble est ma _____ résidence universitaire.

3. (ancien) C'est une maison _____.

4. (gentil) Cette propriétaire est très _____.

5. (frais) Jean a commandé une boisson _____.

6. (fou) Cette pauvre vieille dame est _____.

7. (roux) Mon frère sort avec une femme _____.

8. (inquiet) Pauline est toujours _____.

9. (doux) Ma grand-mère est très _____.

10. (sec) Après avoir tant parlé, le candidat avait la gorge _____.

3-6 Masculin. Écrivez le masculin des adjectifs que vous entendez.

1. _____   7. _____   13. _____

2. _____   8. _____   14. _____

3. _____   9. _____   15. _____

4. _____   10. _____   16. _____

5. _____   11. _____   17. _____

6. _____   12. _____   18. _____

3-7 Immobilier parisien. Donnez le pluriel des adjectifs entre parenthèses. N'oubliez pas de faire tous les accords nécessaires.

1. (élégant) Les quartiers _____ se trouvent principalement au centre de Paris.

2. (mauvais) Il y a quelques _____ quartiers près de Montmartre.

3. (nouveau) Les _____ immeubles offrent tout le confort moderne.

4. (spacieux) Toutes les chambres de la maison que je viens d'acheter sont très _____.

5. (légal) On doit remplir plusieurs documents _____ pour avoir le droit

d'habiter dans un HLM.

6. (équipé) Toutes nos cuisines sont très bien _____.

7. (général) Tous les appartements de cet immeuble se conforment aux critères

_____ de l'entrepreneur.

8. (affreux) Tous les bâtiments de ce quartier sont vraiment _____.

9. (étroit) Les rues _____ de ce quartier datent du XVIe siècle.

10. (délabré) En plus, tous les bâtiments sont _____.

3-8 Ville ou campagne. Julia et Camille sont plongées dans l'immobilier. Julia cherche un appartement à Paris, Camille une maison en province. Reconstituez les phrases de Camille en utilisant le féminin.

MODÈLE : **Julia :** Je voudrais un <u>grand</u> appartement.

Camille : Je voudrais une *grande* maison.

1. **Julia :** Je cherche un <u>bel</u> appartement assez <u>spacieux.</u>

   Camille : Je cherche une _____ maison _____.

2. **Julia :** Mon appartement doit se trouver dans un <u>superbe</u> bâtiment <u>ancien</u>.

   Camille : Ma maison doit se trouver dans une _____ville

   _____.

3. **Julia :** J'aimerais un décor <u>original</u> et <u>discret</u>.

   Camille : J'aimerais une décoration _____ et

   _____.

4. **Julia :** Je voudrais trouver un appartement <u>élégant</u> mais pas trop <u>cher</u>.

   Camille : Je voudrais trouver une maison _____ mais pas trop

   _____.

5. **Julia :** Crois-tu que je trouverais de <u>gentils</u> voisins <u>sympathiques</u> ?

   Camille : Crois-tu que j'aurais de _____ voisines

   _____ ?

Place de l'adjectif

3-9 Mon année à Paris. Complétez le passage en choisissant l'adjectif qui convient de la liste, et en faisant tous les accords nécessaires. Pour quelques blancs plusieurs adjectifs sont possibles, mais **n'utilisez chaque adjectif qu'une seule fois.** Faites attention à la logique de la phrase.

| ancien | beau | calme | cher | équipé | nouveau | petit | spacieux | superbe | vieux |

Quand j'avais 19 ans, j'ai décidé d'aller vivre à Paris pour un an. D'abord, j'ai téléphoné à de

(1) _____ amis qui habitent une (2) _____

maison (3) _____ à la périphérie de Paris. Ils m'ont trouvé un

(4) _____ appartement (5) _____ pas trop loin de chez

eux. L'appartement avait une (6) _____ cuisine bien

(7) _____ . J'ai bien aimé cet appartement (8) _____ ,

mais qu'est-ce que c'était un appartement (9) _____ ! Il m'a coûté les yeux de la tête,

mais que j'aimais bien ce quartier (10) _____ de Paris loin du bruit du centre-ville !

Réflexion culturelle

3-10 Journal de réflexions personnelles. Dans le texte culturel, l'auteur parle de la discrimination basée sur le quartier d'où on vient. Est-ce que ce type de discrimination existe aux États-Unis ? Est-ce qu'on associe certains stéréotypes à certains endroits ? Y a-t-il des stéréotypes associés à votre lieu de naissance ?

_____

_____

_____

_____

_____

_____

_____

Adverbes

3-11 Adverbes. Écrivez l'adverbe qui correspond à l'adjectif que vous entendez.

1. _____ 2. _____ 3. _____

4. _____ 5. _____ 6. _____

7. _____ 8. _____ 9. _____

10. _____ 11. _____ 12. _____

13. _____ 14. _____ 15. _____

16. _____ 17. _____ 18. _____

Nom: _____   Date: _____

3-12 Les rénovations de ma ville natale. Formez un adverbe à partir de chaque adjectif de la liste et remplacez les tirets par l'adverbe qui convient. Faites attention à la logique de la phrase.

aveugle	bon	énorme	mauvais	rapide
beaucoup	constant	malheureux	peut-être	vrai

Le quartier où je suis né est très délabré, alors on a décidé de faire des rénovations. Depuis le début de l'année,

on est (1) _____ en train de démanteler un bâtiment pour ensuite le remplacer par

un autre, plus moderne. Les constructeurs ont déjà fait (2) _____ de progrès,

mais il y a encore (3) _____ à faire. Personnellement, j'aime

(4) _____ les rénovations, mais (5) _____ le quartier a

(6) _____ perdu un peu de son charme. (7) _____

devrait-on limiter les rénovations qu'on fait, surtout celles qui sont (8) _____ faites

et qui ne s'harmonisent pas avec la vieille architecture du quartier. Après tout, on ne veut pas qu'on fasse des

rénovations (9) _____ sans égard pour l'impression générale que le quartier

donnera. À mon avis, le quartier change trop (10) _____ !

© 2010 Pearson Education, Inc.   **Chapitre 3** La vie urbaine **29**

Comparatif / superlatif

 3-13 Claudine compare deux appartements. Claudine explique à Julie les différences entre les deux appartements qu'elle vient de visiter. Écoutez la conversation entre Claudine et Julie. Indiquez si la réaction de Julie est vraie ou fausse.

MODÈLES :   Claudine :   Le premier appartement a deux chambres ; le deuxième a trois chambres.

Julie :   Alors le premier appartement est moins grand que le deuxième.

vrai   faux

Claudine :   Le premier appartement est très petit, mais le deuxième est très grand.

Julie :   Alors, le premier appartement est plus spacieux que le deuxième.

vrai   *faux*

1. vrai   faux   5. vrai   faux

2. vrai   faux   6. vrai   faux

3. vrai   faux   7. vrai   faux

4. vrai   faux   8. vrai   faux

3-14 Vie urbaine. Faites des phrases comparatives selon le symbole (+//−//=). Faites attention aux accords.

MODÈLE :　　　(+) (intéressant) Ma ville natale est *plus intéressante que* Rouen.

1. (+) (beau) Paris est _____ Lyon.

2. (−) (cher) Les Monoprix coûtent _____ le Printemps.

3. (+) (bien) Les étalages de cette boutique sont _____ faits que ceux de ce grand magasin.

4. (=) (compétent) Les élèves de ce quartier modeste sont _____ les élèves de ce quartier aisé.

5. (+) (rapide) La circulation sur les autoroutes est _____ au centre-ville.

6. (−) (bien) Les bâtiments avant les rénovations de Haussmann étaient _____ construits _____ les bâtiments après Haussmann.

7. (+) (bon) Les produits frais des petites épiceries sont _____ les produits des grands supermarchés.

8. (=) (grand) L'immeuble où j'habite est _____ le tien.

9. (+) (rapidement) Dans ce quartier-ci, on fait les rénovations _____ dans ce quartier-là.

10. (−) (spacieux) Ma maison est _____ la tienne.

3-15 Mon quartier. Faites des phrases superlatives selon le symbole. Faites attention aux accords.

MODÈLE :　　　(+) (moderne) C'est le quartier _____ la ville.

C'est le quartier *le plus moderne de* la ville.

1. (+) (beau) C'est _____ immeuble _____ quartier.

2. (−) (rapide) En ville, la voiture est le moyen de transport _____ tous les moyens de transport.

3. (+) (bon) C'est _____ épicerie _____ quartier.

4. (–) (bien planifié) C'est le quartier _____ que la ville ait construit.

5. (+) (bon) La bibliothèque a _____ architecture

_____ quartier.

6. (+) (beau) C'est _____ résidence que j'aie jamais vue.

Réflexion littéraire

3-16 Journal de réflexion sur le texte littéraire. Balzac utilise des métaphores pour décrire Paris. Choisissez un lieu que vous connaissez bien (votre ville, votre maison ou appartement, un parc, le campus, etc.) et décrivez-le. Utilisez votre imagination, et essayez d'utiliser des métaphores, ainsi que le comparatif et le superlatif.

_____

_____

_____

_____

_____

_____

_____

3-17 Dictée : La vie de Mokrane. Vous allez écouter ce récit en entier. Puis chaque phrase sera relue et vous la retranscrirez. Ensuite, le texte sera relu en entier une dernière fois.

_____

_____

_____

_____

_____

4 Politique, indépendance : identité française, identité acadienne et québécoise

Prononciation

4-1 Quelques mots. Prononcez et enregistrez les mots ou expressions suivants. Attention à la prononciation du [o] o fermé (eau) et du [ɔ] o ouvert (porte).

[o]	[ɔ]
mot	école
gauche	homme
chômage	réforme
cause	docteur
chaos	sortant
veto	optimisme
drapeau	xénophobe

4-2 Encore des mots. Écoutez les mots suivants et signalez le son que vous entendez.

1. o   ɔ   6. o   ɔ

2. o   ɔ   7. o   ɔ

3. o   ɔ   8. o   ɔ

4. o   ɔ   9. o   ɔ

5. o   ɔ   10. o   ɔ

Vocabulaire

4-3 Pour voter. Choisissez le mot qui correspond à chaque définition.

1. parler d'un sujet important devant d'autres gens _____

2. conservateur _____

3. le contraire d'un collègue _____

4. une forme de gouvernement où il y a un roi ou une reine _____

5. l'autorisation d'enregistrer son opinion politique _____

6. être choisi par un vote général _____

7. l'ensemble de politiciens qui ont le pouvoir

   de faire des réformes ou de créer des lois _____

8. de gauche _____

9. quitter son poste _____

10. une personne qui soutient un parti politique ou un candidat _____

a. un adversaire

b. de droite

c. démissionner

d. le droit de vote

e. être élu

f. faire un discours

g. libéral

h. le parlement

i. un partisan

j. une monarchie

4-4 Gouvernements. Donnez le synonyme ou l'antonyme.

| l'anarchie | la démocratie | le despotisme | la dictature | la laïcité |

1. l'antonyme de la religiosité : _____

2. l'antonyme de la démocratie : _____

3. le synonyme du chaos : _____

4. le synonyme de la dictature : _____

5. l'antonyme de la monarchie : _____

 4-5 La politique. Choisissez le mot qui convient à la définition que vous entendez.

1. le ministre   le président   le député   le sénateur

2. l'anarchie   la monarchie   la démocratie   la dictature

3. la parité   la fraternité   la liberté   l'égalité

4. de droite   conservateur   socialiste   de gauche

5. exécutif   judiciaire   législatif   militaire

6. le département   la commune   le pays   le peuple

Le passé composé

4-6 Gabrielle explique ce que Claudette et elle ont fait un matin à Paris. Écoutez les explications de Gabrielle et mettez les verbes au passé composé.

MODÈLE :   Vous entendez :   Mon réveil sonne à 6 heures.

      Vous écrivez :   Mon réveil *a sonné* à 6 heures.

1. Le matin, je _____ chercher Claudette.

2. Nous _____ le train à 7 heures.

3. Nous _____ à Paris à 10 heures.

4. Nous _____ nos valises à l'hôtel.

5. J' _____ de faire un tour dans le quartier.

6. Claudette _____.

7. Nous _____ ensuite au Jardin du Luxembourg.

8. Nous _____ au Sénat.

9. Nous _____ dans la galerie des visiteurs.

10. Claudette _____ tous les sénateurs.

11. J'_____ avec attention un débat sur la drogue et les sportifs.

12. Nous _____ déjeuner.

4-7 Être ou avoir ? Mettez les verbes entre parenthèses au **passé composé**. Faites attention à l'auxiliaire et aux participes passés irréguliers.

Mon oncle Philippe voulait être maire de la ville. D'abord il (1) _____ (choisir) un

groupe de collègues pour l'aider à analyser la situation. Ils (2) _____ (discuter)

de la situation politique pendant longtemps. Après avoir beaucoup réfléchi, oncle Philippe

(3) _____ (prendre) la décision de poser sa candidature. Pendant la campagne

électorale, il (4) _____ (aller) à beaucoup de réunions, de clubs, et d'églises pour

parler de ses idées. Il (5) _____ (rendre) visite à plusieurs personnes importantes de

la ville. Pendant cette période, il (6) _____ (sortir) presque chaque soir, et bien

sûr sa famille et ses amis (7) _____ (ne pas le voir) souvent. Le lendemain

de l'élection, oncle Philippe (8) _____ (se réveiller) très tôt. Il

(9) _____ (descendre) en ville pour voir s'il avait gagné. Quel bonheur quand il

(10) _____ (savoir) que c'était lui le nouveau maire !

4-8 Ma sœur s'intéresse à la politique. Mettez les verbes entre parenthèses au **passé composé** en faisant attention à l'accord du participe passé.

Ma sœur n'aimait pas la situation écologique de la région et a décidé d'écrire une longue lettre à sa

représentante. La lettre qu'elle (1) _____ (écrire) décrivait la pollution du fleuve

principal. Selon sa lettre, ces dernières années beaucoup de poissons (2) _____

(mourir) à cause de la pollution et l'eau du fleuve (3) _____ (devenir) contaminée.

Évidemment cette femme politique (4) _____ (la lire) avec soin parce qu'elle

(5) _____ (venir) voir elle-même ce qui se passait. La pollution du fleuve

(6) _____ (l'étonner) ! Elle ne se rendait pas compte que la situation était si grave.

Quand la représentante (7) _____ (rentrer), elle a immédiatement fait des réformes

pour lutter contre la pollution. Les nouvelles lois qu'elle (8) _____ (créer) étaient

très efficaces. Plusieurs experts (9) _____ (arriver) et ils ont nettoyé le fleuve. Toute

la région apprécie les efforts que ma sœur (10) _____ (faire) !

Le passé simple et le passé composé

4-9 La vie de Charles de Gaulle. Remplacez le passé simple par le passé composé.

Charles de Gaulle naquit (1) _____ en 1890. À la fin de la Deuxième

Guerre Mondiale il devint (2) _____ chef du gouvernement provisoire,

et ensuite président de la France. À la suite d'un referendum où son « oui » ne fut pas

(3) _____ soutenu, il démissionna (4) _____.

De Gaulle mourut (5) _____ en 1970.

L'imparfait

4-10 Nicolas, un homme politique. Écoutez le passage suivant et ensuite indiquez si les phrases sont vraies ou fausses. Faites très attention aux temps des verbes—le présent ou l'imparfait—pour pouvoir répondre correctement aux questions.

1. vrai   faux   6. vrai   faux

2. vrai   faux   7. vrai   faux

3. vrai   faux   8. vrai   faux

4. vrai   faux   9. vrai   faux

5. vrai   faux   10. vrai   faux

4-11 Mon frère voulait être président. Mettez les verbes entre parenthèses à l'imparfait.

Quand mon petit frère (1) _____ (avoir) 10 ans, il

(2) _____ (vouloir) être président. À l'école, les élèves

(3) _____ (étudier) les présidents et mon frère (4) _____

(trouver) leur vie fascinante. Quand nous lui (5) _____ (demander) quel président

il (6) _____ (préférer), il (7) _____ (choisir) toujours

John Fitzgerald Kennedy. Plus tard dans la vie, mon frère (8) _____ (dire), « Je

(9) _____ (l'admirer) tant parce qu'il (10) _____ (savoir)

toujours exactement quelle décision prendre ».

Le passé composé ou l'imparfait

4-12 Mon grand-père pendant la guerre. Mettez les verbes entre parenthèses au **passé composé** ou à **l'imparfait**. Faites attention à l'auxiliaire **avoir** ou **être** et aux accords des participes passés.

Ce (1) _____ (être) 1944 et mon grand-père (2) _____

(faire) son service militaire. Lui et sa section (3) _____ (partir) pour la France pour

lutter contre les Allemands. Tous les soldats (4) _____ (avoir) peur, mais ils

(5) _____ (croire) aussi à la liberté. Pendant la guerre mon grand-père

(6) _____ (voir) beaucoup de batailles. Il se rappelle une bataille particulièrement

dure. « Quand les bombes (7) _____ (commencer) à exploser, nous

(8) _____ (penser) tous que c'était la fin ! Je me rappelle également ce que je

(9) _____ (faire) quand on (10) _____ (déclarer) la

fin de la guerre. J' (11) _____ (admirer) le beau sourire d'une belle femme

que je (12) _____ (venir) de rencontrer dans un bar. Votre grand-mère ! Je

(13) _____ (ne pas comprendre) le français, mais quand elle

(14) _____ (me parler) pour la première fois, ça

(15) _____ (être) le coup de foudre *(love at first sight)* ! »

Le plus-que-parfait

4-13 Ma secrétaire fait tout à l'avance. Mettez les verbes entre parenthèses au plus-que-parfait. Faites attention à l'auxiliaire, aux accords du participe passé et à la place des adverbes.

1. J'ai demandé à ma secrétaire Denise d'imprimer le rapport, mais elle _____

   (déjà le faire).

2. Ce matin, quand j'ai dit que la réunion allait commencer, Denise _____

   (déjà s'y rendre) quelques minutes auparavant.

3. J'ai dit à Denise qu'il fallait payer la facture, mais elle _____ (déjà le payer).

4. J'ai proposé à Denise de lui donner des billets pour aller voir la nouvelle pièce de Ionesco, mais elle

_____ (déjà la voir).

5. À cinq heures, j'ai téléphoné à Denise pour lui rappeler de prendre rendez-vous avec mon homologue

allemand, mais elle _____ (partir) du bureau.

4-14 Journée d'un candidat à l'élection présidentielle. Écoutez ce que dit ce candidat le jour de l'élection présidentielle. Ensuite, complétez ses phrases en mettant les verbes au plus-que-parfait.

MODÈLE :   Vous entendez :   Je me suis levé à 7 heures

Vous écrivez :   La veille, je *m'étais levé* à 7 heures.

1. La veille, j'_____ dans un café aussi.

2. J'_____ des électeurs.

3. Je leur _____ de la crise économique.

4. À 9 heures, mon manager _____ de finir la visite.

5. Nous _____ l'avion pour aller à un rallye.

6. J'_____ un discours.

7. Les gens _____.

8. Ils _____ des questions sur la politique étrangère.

9. Ensuite, nous _____ déjeuner.

Le passé composé, l'imparfait, ou le plus-que-parfait

4-15 Il faut voter ! Mettez les verbes entre parenthèses **au passé composé**, à l'imparfait ou **au plus-que-parfait**, selon le cas. Faites tous les changements nécessaires.

Je me souviendrai toujours de la première fois que je/j' (1) _____ (voter). Je/J'

(2) _____ (avoir) 18 ans et c'était une élection présidentielle. Je/J'

(3) _____ (étudier) tous les candidats et leurs idées politiques bien avant la date de

l'élection et je/j' (4) _____ (écouter) tous les débats. Alors, le jour de l'élection, je

(5) _____ (se réveiller) très tôt. Je/J' (6) _____

(vouloir) arriver le premier. Malheureusement, il (7) _____ (pleuvoir)

et il y (8) _____ (avoir) des embouteillages. Quand je/j'

(9) _____ (arriver), je/j' (10) _____ (devoir)

faire la queue. « Mademoiselle, votre bulletin de vote ». Le monsieur (11) _____

(me donner) le bulletin et plusieurs pages d'explications. Quand je/j' (12) _____

(entrer) dans l'isoloir, je/j' (13) _____ (ne pas pouvoir) lire ! Je/J'

(14) _____ (oublier) mes lunettes ! Mais finalement en regardant de très

près, je/j' (15) _____ (remplir) les cases. Que j'étais fière d'avoir voté !

Réflexion culturelle

4-16 Journal de réflexions. André Laurens dans « L'idée d'une certaine France » et Antonine Maillet suggèrent que l'identité nationale est une construction mentale. Pensez à votre identité nationale ou à celle de vos parents ou grands-parents. En quoi consiste votre ou leur identité nationale ?

_____

_____

_____

_____

_____

_____

_____

_____

_____

4-17 Dictée : Elisabeth visite Bouctouche. Vous allez écouter ce récit en entier. Puis chaque phrase sera relue et vous la retranscrirez. Ensuite, le texte sera relu en entier une dernière fois.

_____

_____

_____

_____

_____

_____

_____

_____

5 La France : un kaléidoscope social

Prononciation

 5-1 Quelques mots. Prononcez et enregistrez les mots suivants. Attention à la prononciation du [ø] e fermé (peu) et du [œ] e ouvert [peur].

ø	œ
milieu	mœurs
peu	jeune
jeux	supérieur
vieux	seul
nerveux	immeuble
vœux	voleur
généreux	bonheur
nalheureux	inférieur
heureux	malheur
mieux	sœur

 5-2 Encore des mots. Écoutez les mots suivants et signalez le son que vous entendez.

1. ø   œ   6. ø   œ

2. ø   œ   7. ø   œ

3. ø   œ   8. ø   œ

4. ø   œ   9. ø   œ

5. ø   œ   10. ø   œ

Vocabulaire

5-3 Les classes sociales. Choisissez le mot qui correspond à chaque définition.

1. _____ une fête   a. les mœurs

2. _____ une personne qui est récemment devenue riche   b. être bien élevé

3. _____ monter à cheval   c. faire partie de

4. _____ l'ensemble des gens pauvres   d. les classes défavorisées

5. _____ être membre de   e. le mode de vie

6. _____ faire de longues promenades rigoureuses   f. un nouveau riche

7. _____ comportement liée à la culture   g. être aisé

8. _____ se comporter comme il faut   h. une soirée

9. _____ le style de vie   i. faire de l'équitation

10. _____ avoir suffisamment d'argent   j. faire des randonnées

5-4 Mon oncle est-il vraiment snob ? Complétez le passage à l'aide des mots de la liste. N'oubliez pas de conjuguer les verbes, lorsqu'il le faut, et de faire tous les changements nécessaires.

arriviste	avoir mauvais genre	gravir les échelons	quartier pauvre	SDF
avoir de bonnes manières	dénigrer	HLM	savoir-faire	taudis

Au premier abord, mon oncle Marc semble très snob. Il (1) _____ tous les

(2) _____ qu'il rencontre dans les rues de Paris et il critique les gens qui

(3) _____. Il croit que les villes ne devraient pas construire de

(4) _____. On dirait qu'il n'a pas du tout pitié des pauvres. Cependant,

quand on apprend l'histoire de son enfance, on comprend mieux son attitude, même si on n'est pas d'accord.

Mon oncle Marc est en fait né dans un (5) _____ et la maison de ses parents n'était

qu'un (6) _____. Très jeune, oncle Marc voulait à tout prix sortir de cette situation.

Comme c'était un garçon intelligent et plein de (7) _____, il a très vite su

comment (8) _____ de la hiérarchie sociale. Il a non seulement travaillé très

sérieusement à l'école pour ensuite aller à l'université, mais il a aussi soigneusement étudié le comportement

des gens qui (9) _____. Est-ce que mon oncle Marc est un

(10) _____ ? Je ne sais pas, mais je comprends que son attitude envers les gens

dérive de son enfance pauvre.

5-5 Distinctions. Écrivez le nom qui correspond à l'adjectif que vous entendez.

MODÈLE :   Vous entendez : riche

            Vous écrivez : *la richesse*

1. _____   6. _____

2. _____   7. _____

3. _____   8. _____

4. _____   9. _____

5. _____   10. _____

Les pronoms interrogatifs

5-6 Une pièce de théâtre irrésistible. Remplacez les tirets par **qui, qui est-ce qui, qui est-ce que, qu'est-ce qui, qu'est-ce que** ou **quoi,** selon le cas.

—(1) _____ tu as fait hier soir ?

—Moi ? Je suis allé voir la nouvelle mise en scène d'une pièce de théâtre de Molière.

—De Molière ? (2) _____ est-ce ?

—C'est un dramaturge du XVIIe siècle.

—Avec (3) _____ es tu allé au théâtre ?

—J'y suis allé avec Louise et Marc.

—Alors, raconte-moi l'histoire. (4) _____ se passe dans cette pièce ? De

   (5) _____ s'agit-il exactement ?

—C'est l'histoire d'un vieil avare ridicule qui veut se marier.

—(6) _____ il veut épouser ?

—Il veut épouser une belle jeune femme qui ne l'aime pas du tout.

—De (7) _____ est-ce que la jeune femme est amoureuse ?

—Elle est amoureuse d'un beau jeune homme, le neveu de l'avare.

—(8) _____ la jeune femme fait pour ne pas épouser l'avare ? Et le jeune homme,

   (9) _____ fait-il pour empêcher son oncle de l'épouser ?

—Tu as trop de questions. Tu devrais aller voir la pièce toi-même.

—C'est une bonne idée. Mais (10) _____ je devrais contacter pour acheter un billet ?

—Tu dois aller directement au théâtre. Il y a un agent là-bas qui pourra t'aider.

—J'ai un autre problème. Je ne veux pas y aller seul. (11) _____ pourrais-je inviter ?

—Invite Marianne. Elle est très gentille et elle t'aime bien.

—Mais tu sais, je suis très timide. (12) _____ je lui dirais pour la convaincre de

   venir avec moi ?

—(13) _____ tu as pour être si timide ? (14) _____

   t'est arrivé pour que tu manques autant de confiance en toi ? Il s'agit tout simplement d'inviter une jeune fille

   sympa à une pièce de théâtre. Ce n'est pas une situation très stressante. C'est pour s'amuser !

—(15) _____ veux-tu ? C'est moi. Je manque d'assurance . . .

Les pronoms interrogatifs *lequel, laquelle, lesquels, lesquelles* et les formes contractées, *duquel, auquel*, etc.

5-7 Préférences. Remplacez les tirets par la forme de **lequel** qui convient. Ajoutez les prépositions à ou **de**, si nécessaire, et faites toutes les contractions.

1. Le maire a proposé deux solutions pour les quartiers pauvres. _____ préférez-vous ?

2. Vous compariez deux films, mais _____ parlez-vous maintenant ?

3. Nous voulons nous abonner à plusieurs magazines. À votre avis _____

   devrions-nous nous abonner ?

4. On a vu plusieurs films avec Gérard Depardieu. _____ aimes-tu le mieux ?

5. Voilà ma pâtisserie préférée. Choisissons plusieurs petites tartes. Regarde-les !

   _____ as-tu envie ? Tu peux en avoir plusieurs.

6. Voilà un guide de Paris et un guide de l'Île-de-France. _____ avez-vous besoin ?

7. Tu fais partie de plusieurs équipes de sports ? Mais _____ ?

8. J'ai un stylo Mont Blanc et un stylo Parker. Avec _____ préfères-tu écrire ?

9. C'est le festival Molière et on présente plusieurs de ses pièces en ce moment.

   _____ voudrais-tu assister ce soir ? À « L'Avare » ou à « L'École des femmes » ?

10. Tu dis que tu mas rendu tous mes livres ? Mais _____ ? Je ne les ai pas tous trouvés.

Les adjectifs interrogatifs

5-8 Encore des préférences. Remplacez le tiret par la forme de **quel** qui convient.

1. _____ pièce de Shakespeare préfères-tu ?

2. _____ stylo aimes-tu le mieux ?

3. _____ films de Truffaut as-tu vus ?

4. _____ idées te plaisent le mieux ?

5. _____ histoire paraît être la vraie ?

Pronoms, adjectifs et adverbes interrogatifs

5-9 James, le SDF. Écoutez l'entretien de James et ensuite indiquez si les phrases sont vraies ou fausses.

1. vrai   faux   8. vrai   faux

2. vrai   faux   9. vrai   faux

3. vrai   faux   10. vrai   faux

4. vrai   faux   11. vrai   faux

5. vrai   faux   12. vrai   faux

6. vrai   faux   13. vrai   faux

7. vrai   faux

5-10 Entretien avec James, SDF parisien. Utilisez un pronom, un adjectif, ou un adverbe interrrogatif pour complétez les questions.

MODÈLE :   *Où* avez-vous vécu avant de venir à Paris ?

J'ai vécu à la Rochelle avant de venir à Paris.

1. _____ habitez-vous ?

J'habite dans une vieille maison abandonnée.

2. Avec _____ vivez-vous ?

Je vis avec plusieurs amis.

3. _____ chambres y a-t-il dans la maison ?

Il y a trois chambres dans la maison.

4. _____ s'occupe du ménage ?

Mon amie Malika et les locataires s'occupent du ménage.

5. _____ a trouvé la maison ?

C'est moi qui ai trouvé la maison.

6. _____ sont vos ressources ?

Nos ressources sont les aides financières et le travail quelquefois.

7. _____ faites-vous dans la journée ?

Nous faisons la manche et nous faisons des petits boulots.

8. _____ petits boulots faites-vous ?

Voilà les petits boulots que je fais : du jardinage et la manche.

9. _____ recevez-vous une pension ?

J'en reçois une parce que j'ai été blessé pendant mes années dans l'armée.

10. _____ est le plus difficile dans cette vie ?

L'insécurité est le plus difficile dans cette vie.

Réflexion culturelle

5-11 Journal de réflexions personnelles. Que pensez-vous du texte de Yann Ohnona, « Semblant de Domicile Fixe » ? Est-ce que le mode de vie des SDF dans l'article est un choix ou une nécessité ?

_____

_____

_____

_____

_____

_____

_____

_____

_____

_____

Pronoms possessifs

5-12 Isabella et Brigitte parlent de leur famille respective. Écrivez ce que Brigitte dit.

MODÈLE :   Vous entendez :   Mes grands-parents sont d'origine espagnole.

                 Vous écrivez :   *Les miens* sont parisiens.

1. _____ vient d'un milieu aisé.

2. _____ était fille d'ouvrier.

3. _____ se sont rencontrés à une soirée dansante.

4. _____ s'inquiétaient du choix de leur fille.

5. _____ a été bien accueilli par _____.

6. _____ ont fait des mariages plus modernes.

Pronoms et adjectifs possessifs

5-13 J'adore les romans d'Annie Ernaux ! Remplacez les tirets par le pronom ou l'adjectif possessif qui convient.

Annie Ernaux est un de (1) _____ auteurs préférés. J'ai lu presque tous

(2) _____ romans. Dans « Une femme », Ernaux parle de

(3) _____ mère que (4) _____ sœurs et moi

pouvons comparer à (5) _____. Comme la mère d'Ernaux,

(6) _____ mère n'a vécu que pour nous. Je pourrais dire la même chose de

(7) _____ père. En fait, maman et papa voulaient toujours tout faire pour

(8) _____ enfants. J'espère que (9) _____

parents à vous sont aussi gentils que (10) _____.

Réflexion littéraire

5-14 Journal de réflexions personnelles sur le texte littéraire. Décrivez brièvement vos réactions au portrait de la mère d'Annie Ernaux. Si elle était votre mère, est-ce que vous seriez fier/fière d'elle ou est-ce que vous auriez honte d'elle ? Expliquez.

_____

_____

_____

_____

_____

_____

_____

_____

_____

Négations

5-15 Qui est là ? Remplacez les tirets par l'expression négative de la liste qui convient.

| jamais | ne aucun(e) | ni ne | nulle part | personne | plus | rien |

Un soir, j'ai entendu quelqu'un frapper à ma porte. J'ai ouvert la porte mais je n'ai vu

(1) _____. « C'est bizarre », me suis-je dit. « Évidemment, je n'ai

(2) _____ entendu parce qu'il n'y avait (3) _____. »

Cependant, deux minutes plus tard, j'ai entendu quelqu'un sonner. « Encore ! Je ne veux

(4) _____ répondre à la porte ». Mais je n'ai pas pu résister et j'ai ouvert la porte

encore une fois. (5) _____ ! « Il n'y a (6) _____

(7) _____ à la porte. Vraiment je n'irai (8) _____ du

tout ». Mais, encore une fois quelqu'un a frappé. Je m'y suis précipité et voilà. Il y avait un pauvre mendiant

devant moi. « Qu'est-ce que vous voulez, monsieur ? Est-ce que vous vous moquez de moi ? Où êtes-vous allé

quand j'ai ouvert la porte ? » « Excusez-moi, monsieur. Je ne me moque pas de vous. Je ne suis allé

(9) _____. La première fois, je me suis penché pour nouer mon lacet *(to tie my*

shoe). La deuxième fois, c'était l'autre chaussure. Pourriez-vous, s'il vous plaît, me donner quelque chose à

manger. Je n'ai (10) _____ mangé depuis deux jours. Je n'ai eu

(11) _____ repas. Je ne bois (12) _____ fume. Je

cherche du travail depuis plusieurs mois, mais je n'ai (13) _____ trouvé. Je ne sais

(14) _____ du tout ce que je deviendrai. Vraiment, je n'ai

(15) _____ idée ». J'ai eu tellement pitié de ce pauvre homme que je l'ai invité à

partager mon modeste repas et comme j'avais plusieurs réparations à faire, je l'ai embauché. Ai-je bien fait ? Je

crois que oui, parce qu'il est toujours avec moi.

5-16 Pierre-Henri est très snob. Écoutez les phrases suivantes et mettez les verbes de la réplique à la forme négative.

MODÈLE :   Tu es tout le temps prétentieux.

Mais non, je *ne suis jamais* prétentieux.

1. Mais non, je _____ de vêtements classiques inactuels.

2. _____ de mes amis _____ de manière précieuse.

3. Mais non, elle _____ de sarcastique à dire.

4. _____ fils à papa !

5. Mais non, ils _____ fermés _____ intolérants !

6. Ils _____ se distinguer _____.

7. Mais non, ils _____ à la monarchie.

8. Mais non, ils _____ quel mariage ils feraient !

5-17 Loisirs. Répondez aux questions suivantes en donnant la forme négative des mots en gras.

1. Est-ce que vous allez **toujours quelque part** le week-end ?

   Non, _____

2. Avez-vous vu **une pièce de théâtre** et **un film** le week-end dernier ?

   Non, _____

3. Est-ce que **quelqu'un** vous a donné **quelque chose** de spécial pour votre fête d'anniversaire ?

   Non, _____

5-18 Dictée : Ma mère. Vous allez écouter ce récit en entier. Puis chaque phrase sera relue et vous la retranscrirez. Ensuite, le texte sera relu en entier une dernière fois.

_____

_____

_____

_____

_____

_____

_____

6 La France : icônes culturelles

Prononciation

6-1 Quelques mots. Prononcez et enregistrez les mots suivants. Attention à la prononciation du son [w] oi / oua / ouette (moi, louer) ; du son [ɥ] ui (lui, suite) ; du son [j] ille / aille / ouille (fille, paille).

w	ɥ	j
coiffeur	gratuit	chemisier
loisir	construit	couturier
choix	séduire	s'habiller
loin	cuisse	maquillage
voiture	habitué	tailleur
croix	huile	maillot
toi	attribué	mouille

Vocabulaire

6-2 Quelques professions. Spécifiez la profession basée sur ces activités.

MODÈLE :   Vous entendez :   charcuterie

Vous écrivez :   *charcutier*

1. _____   4. _____

2. _____   5. _____

3. _____   6. _____

6-3 Quelques nationalités. Donnez la nationalité des personnes habitant dans ces pays.

MODÈLE :   Vous entendez :   Chine

                Vous écrivez :   *chinois*

1. _____

2. _____

3. _____

4. _____

5. _____

6. _____

6-4 Ma sœur et moi, nous ne nous ressemblons pas ! Remplacez les tirets par le mot ou l'expression de la liste qui convient. N'oubliez pas de conjuguer les verbes, lorsqu'il le faut, et de faire tous les accords et changements nécessaires.

bon marché	faire des achats	look	parfum	styliste
boutique	haute couture	se maquiller	prêt-à-porter	vitrine

Ma sœur et moi avons des goûts très différents. Elle adore la (1) _____ et va dans

toutes les (2) _____ chic du quartier. Elle n'achète que ce qu'elle voit dans les

(3) _____ des meilleurs magasins, et elle reconnaît immédiatement la griffe de tous

les (4) _____ à la mode. Elle s'habille toujours élégamment, et ne sort jamais sans

(5) _____ ni sans mettre du (6) _____. Pour elle, le

(7) _____ est tout ce qui compte. Moi, par contre, je déteste faire du shopping et

faire attention à mon apparence. Quand je dois (8) _____, je cherche toujours du

(9) _____ et dans un magasin (10) _____. Vraiment,

ma sœur et moi ne nous ressemblons pas. On dirait que nous ne sommes pas de la même famille !

6-5 Faisons des courses ! Donnez le mot qui correspond à chaque définition.

1. _____ les gens y vendent des choses très bon marché

2. _____ ne plus être à la mode

3. _____ le prix proposé

4. _____ la présentation de la marchandise

5. _____ regarder les vitrines des magasins

6. _____ à prix réduit

7. _____ changer la couleur de ses cheveux

8. _____ quelqu'un qui crée des parfums

9. _____ la compétition

10. _____ un magasin qui vend une grande variété de produits

a. la concurrence

b. se démoder

c. l'étalage

d. faire du lèche-vitrine

e. se faire teindre les cheveux

f. un grand magasin

g. le marché aux puces

h. un parfumeur

i. le prix de vente

j. en solde

6-6 Choisissez qui porte ces vêtements : homme ou femme. Si homme et femme portent le vêtement, choisissez les deux.

1. homme   femme

2. homme   femme

3. homme   femme

4. homme   femme

5. homme   femme

6. homme   femme

7. homme   femme

8. homme   femme

9. homme   femme

10. homme   femme

Pronoms relatifs

6-7 Devenir créateur de parfum n'est pas facile. Remplacez les tirets par le pronom relatif (**qui, que, dont, où**) qui convient. N'oubliez pas de faire les contractions nécessaires.

Quand j'étais étudiante j'ai fait la connaissance d'une jeune femme (1) _____

voulait être parfumeuse et (2) _____ s'appelait Nicole. À l'époque, Nicole avait déjà

créé plusieurs parfums (3) _____ elle vendait dans de petites boutiques de la région.

Je l'ai connue dans ma classe de français (4) _____ elle venait chaque jour en auditrice libre. Elle m'a expliqué que c'était une langue (5) _____ elle devait

absolument maîtriser parce qu'elle voulait aller en France pour étudier l'art de la parfumerie. Elle voulait

surtout aller à Grasse, capitale de la parfumerie, (6) _____ elle avait tant entendu

parler. C'est là (7) _____ Nicole pourrait développer son nez et faire des

expériences (8) _____ produiraient peut-être des parfums extraordinaires. Notre

professeur de français, (9) _____ avait l'air très aimable, a donné la permission à

Nicole de suivre le cours. Mais la prof avait des mobiles secrets (10) _____ elle

cachait à tout le monde. Un homme (11) _____ elle était très amoureuse

était aussi un parfumeur (12) _____ voulait créer le meilleur de tous les

parfums, un parfum (13) _____ le rendrait riche et célèbre. Le parfum

(14) _____ il avait besoin serait vraiment exceptionnel. Notre prof de français

voulait alors que Nicole lui donne en échange des leçons de français la formule d'un parfum

(15) _____ elle pourrait ensuite passer à son fiancé.

6-8 Mode et collections. Combinez les deux phrases à l'aide d'un des pronoms relatifs suivants : **qui, que, qu', dont, où.**

MODÈLE :   Vous entendez :   C'est Yves Saint-Laurent. Il a créé cette robe.

                Vous écrivez :   C'est Yves Saint-Laurent *qui* a créé cette robe.

1. C'est un grand magasin _____ vend toujours des vêtements chic.

2. Voilà la robe de soirée _____ Jean-Paul Gaultier a créée.

3. C'est un mannequin _____ on parle beaucoup.

4. Voilà l'hôtel _____ le défilé de mode va avoir lieu.

5. C'est son maquillage _____ lui donne cet air sombre.

6. C'est un coiffeur _____ tout le monde raffole.

7. Voilà une coupe de cheveux _____ lui va très bien.

8. Le foulard _____ elle porte vient de chez Hermès.

9. Juin et juillet sont les mois _____ les collections d'hiver commencent.

10. Elle a finalement trouvé la robe de mariée _____ elle rêvait.

Réflexion culturelle

6-9 Journal de réflexions personnelles. Après avoir lu l'article sur Guerlain, faites le portrait de cet homme. Quelle image avez-vous de ce parfumeur célèbre ?

_____

_____

_____

_____

_____

_____

Ce qui, ce que, ce dont

6-10 Georges fait le difficile. Remplacez les tirets par **ce qui, ce que, ce qu'** ou **ce dont,** selon le cas. Ajoutez **tout** lorsque c'est nécessaire.

Mon ami Georges est vraiment difficile parce qu'il ne peut jamais se décider. Quand nous allons au

restaurant, il ne sait jamais (1) _____ il veut manger. Si tu lui demandes

(2) _____ il a envie, il répond que (3) _____ il y a

sur la carte lui paraît délicieux. Alors, souvent il décide de choisir un plat qu'il n'a jamais goûté, mais

(4) _____ le tente est souvent si rarement commandé que le restaurant ne l'offre

plus. Alors, j'essaie de proposer d'autres plats, mais (5) _____ je propose

lui semble si ordinaire qu'il ne veut plus rien manger. Il veut quitter le restaurant pour aller dans un

autre, (6) _____ me rend absolument fou ! Je meurs de faim et

(7) _____ j'ai besoin c'est un bon repas ! Dès ce moment, je ne m'intéresse plus à

(8) _____ je vais manger. Georges voit que je perds patience et que je meurs de faim.

Alors, il me dit, « Je sais (9) _____ te plaira. Le nouveau restaurant de notre quartier.

Allons-y. On trouvera certainement (10) _____ tu auras envie ». Ensuite, nous y

allons, mais c'est toujours la même histoire. Georges est peut-être très aimable, mais qu'est-ce qu'il est difficile !

6-11 Dialogue entre une vendeuse et un client difficile. Un client cherche un cadeau pour une collaboratrice. Le client ne sait pas ce qu'il veut et répond aux questions de la vendeuse en disant qu'il ne sait pas et en utilisant le pronom relatif indéterminé. Complétez la réponse du client à l'aide de **ce qui, ce que, ce qu'** ou **ce dont,** selon le cas.

MODÈLE :   Vous entendez :   Voulez-vous acheter un sac ?

                Vous écrivez :   Je ne sais pas *ce que* je veux acheter.

1. Je ne sais pas _____ je désire.

2. Je ne sais pas _____ je cherche.

3. Je ne sais pas _____ elle veut.

4. Je ne sais pas _____ lui ferait plaisir.

5. Je ne sais pas _____ elle a envie.

6. Je ne sais pas _____ lui va bien.

7. Je ne sais pas _____ elle choisit.

8. Je ne sais pas _____ elle a besoin.

9. Je ne sais pas _____ elle met.

10. Je ne sais pas _____ elle aime.

11. Je ne sais pas _____ elles se servent.

12. Je ne sais _____ l'intéresse.

Réflexion littéraire

6-12 Journal de réflexions personnelles. Choisissez un des textes de Baudelaire, soit « Éloge du maquillage » soit « Parfum exotique ». Pour « Éloge du maquillage » : à votre avis, est-ce que Baudelaire est sexiste ? Justifiez votre réponse. Pour « Parfum exotique » : est-ce que vous aimeriez recevoir un tel poème de votre petit ami ? Pourquoi ou pourquoi pas ?

_____

_____

_____

_____

_____

_____

_____

_____

_____

Pronoms relatifs après une préposition

6-13 Élégance. Remplacez les tirets avec le pronom relatif qui convient (**lequel, laquelle, lesquels, lesquelles**). Ajoutez **à** ou **de,** si nécessaire, et faites toutes les contractions.

1. Le parfum _____ je pense s'appelle « Mystère ».

2. Le stylo avec _____ il préfère écrire est un Parker.

3. Les robes _____ ma sœur rêvait étaient toutes de Dior.

4. Il cherchait une cravate de soie originale pour _____ il était prêt à dépenser 100 euros.

5. Il voulait se faire faire un costume et une chemise sur mesure dans _____ il se sentirait à la fois à l'aise et distingué.

6. Le sac _____ elle s'intéresse vient de chez Hermès.

6-14 Défilés. Remplacez les tirets avec le pronom relatif qui convient (**lequel, laquelle, lesquels, lesquelles**). Ajoutez **à** ou **de,** si nécessaire, et faites toutes les contractions.

1. Le mannequin cherchait les boucles d'oreille sans _____ elle ne pouvait défiler.

2. L'estrade sur _____ défilaient les mannequins était assez austère.

3. Les mannequins avec _____ Jean-Paul Gaultier travaille sont célèbres.

4. Le défilé _____ nous avons assisté présentait des couleurs fluo impossibles à porter.

5. Nous restons dans l'hôtel près _____ Christian Lacroix présente sa collection.

6. C'est la place autour _____ les journalistes s'étaient réunis pour interviewer les

   célébrités qui sortiraient des défilés.

6-15 La vie de mon frère. Remplacez les tirets avec le pronom relatif qui convient (**lequel, laquelle, lesquels, lesquelles**). Ajoutez **à** ou **de,** si nécessaire, et faites toutes les contractions.

1. Le style de vie somptueux et égoïste _____ mon frère s'était habitué lui a causé

   des problèmes plus tard dans la vie quand il a perdu tout son argent.

2. Mon frère avait accumulé beaucoup de possessions sans _____ il ne pouvait plus

   vivre heureux.

3. C'est la raison pour _____ il a décidé de changer de vie.

4. Les biens matériels _____ mon frère était attaché auparavant ont soudainement

   perdu leur valeur.

5. Mon frère a décidé d'aller vivre dans une maison modeste à côté _____ se

   trouvait un orphelinat. Ainsi mon frère a pu se dévouer aux autres.

6. C'est ainsi que les besoins des autres _____ il pensait jour et nuit ont finalement

   rendu mon frère réellement heureux.

7. Mon frère a découvert que toutes les choses sur _____ il avait compté pour le

   rendre heureux n'avaient vraiment pas de valeur intrinsèque.

8. C'est ainsi que mon frère a trouvé le bonheur _____ il avait toujours rêvé.

6-16 Icônes de la France. Combinez les phrases avec la forme du relatif **lequel** qui convient et ajoutez la préposition nécessaire.

MODÈLE : Vous entendez : Astérix et Obélix sont des Gaulois. Les Français ont beaucoup d'affection pour ces Gaulois.

Vous écrivez : Astérix et Obélix sont des Gaulois *pour lesquels* les Français ont beaucoup d'affection.

1. Le fromage est un aliment _____ les Français finissent leur repas.

2. Le Tour de France est une course _____ les Français se passionnent.

3. L'équipe de foot porte un maillot _____ il y a un coq.

4. Le champagne est une boisson _____ il n'y a pas de célébrations.

5. Les parfums _____ les Français sont attachés symbolisent la France.

6. Marianne, _____ on associe la mère patrie, est une icône de la République.

7. Le TGV est un train _____ on sert des repas complets.

8. De Gaulle est un héros _____ on pense quand on évoque la Deuxième Guerre Mondiale.

9. La place de la Concorde, _____ se trouve l'Obélisque, est la plus grande place de Paris.

10. Le jardin des Tuileries, au bout _____ on voit la place de la Concorde, accueille beaucoup de promeneurs le dimanche.

Pronoms relatifs, récapitulation

6-17 La jeunesse de Christian Dior. Remplacez les tirets par le pronom relatif qui convient (**qui, que, où, dont, lequel, etc., auquel, etc. duquel, etc.**).

Le styliste Christian Dior est né à Granville en 1905 dans une famille riche (1) _____,

en 1910, va vivre à Paris (2) _____ Dior a passé la plupart de sa vie. À l'université,

Dior a commencé par étudier les sciences politiques (3) _____ il ne s'intéressait pas

du tout et (4) _____ il a vite abandonnées pour le dessin. Dior a décidé de visiter l'Union Soviétique et quand il est revenu en France, il a découvert que son partenaire avec

(5) _____ il avait ouvert une galerie d'art était financièrement ruiné. Par la suite, Dior

est tombé gravement malade, mais on ne sait pas (6) _____ il souffrait. Comme il

n'avait pas d'argent, Dior a dû rester avec un ami et c'est là (7) _____ il a commencé

à faire des dessins de robes et de chapeaux. Ses dessins (8) _____ son ami a montrés à

une modiste *(milliner)* lui ont rapporté un peu d'argent. Grâce à ce travail, Dior a fait la connaissance de Robert

Piguet (9) _____ venait d'ouvrir sa propre maison de haute couture

(10) _____ Dior a travaillé jusqu'au début de la Deuxième Guerre Mondiale.

6-18 Le succès. Remplacez les tirets par le pronom relatif qui convient (**qui, que, où, dont, ce qui, ce que, ce dont, lequel, etc., auquel, etc., duquel, etc.**).

En 1941, pendant la Deuxième Guerre Mondiale, Christian Dior, après avoir été démobilisé, entre chez

Lucien Lelong (1) _____ lui donne la liberté de créer des vêtements

(2) _____ il rêvait depuis longtemps. Dior commence à devenir célèbre et c'est la

raison pour (3) _____ peu après la fin de la guerre, un homme d'affaires,

Marcel Boussac, l'embauche pour gérer une maison de haute couture sur (4) _____

il comptait pour faire sa réputation dans le monde de la mode. Dior a beaucoup réfléchi à

(5) _____ plairait aux femmes fatiguées de porter les vêtements sombres et austères

(6) _____ elles s'étaient habituées pendant la guerre. Pour sa première collection,

lancée en 1947, le styliste s'est inspiré des années trente, l'époque (7) _____ les

femmes portaient des couleurs vives et ressemblaient à des fleurs. Au début, cette première collection,

(8) _____ la presse américaine a appelée « The New Look » a choqué tout le

monde. Mais les gens se sont vite habitués aux nouvelles robes féminines (9) _____

toutes les femmes semblaient avoir envie. Au cours de sa carrière, Dior a présenté vingt-deux collections, une

nouvelle collection tous les six mois. Pour chacune, il choisissait un thème spécifique autour

(10) _____ il organisait ses dessins. En 1957, Christian Dior est mort d'une crise

cardiaque. Yves Saint-Laurent, son assistant, a pris la relève de la maison Dior.

6-19 Dictée : Un achat à Paris. Vous allez écouter ce récit en entier. Puis chaque phrase sera relue et vous la retranscrirez. Ensuite, le texte sera relu en entier une dernière fois.

_____

_____

_____

_____

_____

_____

_____

_____

_____

_____

_____

_____

7 La France bigarrée — un pays métissé et multiculturel

Prononciation

 7-1 Quelques mots. Prononcez et enregistrez les mots suivants. Attention à la prononciation du son [r] et du son [l].

r	l
patrie	catholique
oriental	nationalité
étranger	expulser
vivre	musulman
bigarré	asile
origine	lien
réagir	développement
immigrant	clandestin
titre	laïcité
séjour	acculturation
passeport	industrialisé
religion	formalité

Vocabulaire

7-2 Mon séjour en France. Complétez le passage à l'aide des mots et expressions suivants. Mettez les verbes au temps qui convient et faites tous les accords et changements nécessaires.

accueil	catholique	être d'origine	passeport	titre de séjour
s'adapter	dépaysé	mal du pays	patrie	vivre

Quand j'avais dix-neuf ans je suis partie pour la France. J'étudiais le français depuis l'âge de 7 ans, et je

voulais (1) _____ en France pour mieux connaître le pays. J'avais déjà mon

(2) _____ et grâce aux efforts d'un de mes professeurs, j'avais aussi un

(3) _____ qui me permettrait de travailler pour l'été. J'allais travailler dans un

hôpital sur la Côte d'Azur ! L'hôpital appartenait à l'église (4) _____ et toutes les

sœurs qui y travaillaient m'ont fait un chaleureux (5) _____. Au début, je souffrais

du (6) _____, mais après deux semaines, je (7) _____

au pays. Cependant, malgré les efforts des sœurs, je me sentais tout de même

(8) _____ parce que je ne connaissais pas d'autres gens de mon âge avec qui je

puisse sortir. Mais un jour, j'ai fait la connaissance d'un jeune homme de vingt et un ans et qui

(9) _____ espagnole. Sa famille avait quitté sa

(10) _____ parce que son père, un chirurgien célèbre, avait été embauché

par l'hôpital…

7-3 Être immigré. Écoutez chaque mot et associez-le à un mot ou expression de la liste.

1. _____   a. déporter

2. _____   b. clandestin

3. _____   c. pays où l'on est né

4. _____   d. immigrant

5. _____   e. émigrer

6. _____   f. démarches

7. _____   g. document légal d'immigration

8. _____   h. nationalisme

9. _____   i. asiatique

10. _____   j. déraciné

7-4 Sentiments et immigration. Donnez le mot ou l'expression qui correspond à chaque définition.

1. _____ ne pas avoir d'assurance

2. _____ l'ensemble des ouvriers

3. _____ avoir des sentiments d'aliénation

4. _____ l'adaptation à une nouvelle culture

5. _____ avoir confiance en soi et se sentir à l'aise

6. _____ dont les parents sont originaires du Maghreb

7. _____ optique d'un pays en matière d'immigration

8. _____ un pays au début de sa croissance économique

9. _____ désorienter

10. _____ la permission d'immigrer pour des raisons
politiques

a. l'acculturation

b. un beur, une beurette

c. le droit d'asile

d. embrouiller

e. la main d'œuvre

f. manquer de confiance

g. se sentir étranger

h. la politique migratoire

i. se sentir bien dans sa peau

j. un pays en voie de développement

Formation du subjonctif

7-5 Ahmed. Écoutez les phrases suivantes et écrivez ce qu'il faut qu'Ahmed fasse ou que les gens fassent.

MODÈLE :   Vous entendez :   Je dois écrire une lettre au consulat.

Vous écrivez :   Il faut que j'*écrive* une lettre au consulat.

1. Il faut que je _____ des démarches pour obtenir la nationalité française.

2. Il faut que mes parents _____ en Algérie.

3. Il faut que mes frères et moi nous _____.

4. Il faut que nous _____ beaucoup.

5. Il faut que je _____ une bourse pour aller à l'université.

6. Il faut qu'un immigrant _____ la langue du pays d'accueil.

7-6 Ce que les parents de Myriam souhaitent. Écoutez ce que Myriam voudrait faire et ce que ses parents veulent qu'elle fasse. Complétez les phrases en mettant l'infinitif que vous entendez au subjonctif.

MODÈLE :   Vous entendez :   Je voudrais devenir médecin.

                         Vous écrivez :   Mes parents veulent que je *devienne* médecin.

1. Mes parents veulent que je _____ visite à mes grands-parents en Algérie.

2. Mes parents veulent que je _____ ma profession moi-même.

3. Mes parents veulent que j'_____ l'arabe.

4. Mes parents veulent que je _____ bien enracinée en France.

5. Mes parents veulent que je _____ l'histoire de mes ancêtres.

6. Mes parents ne veulent jamais que je _____ de l'alcool.

Emploi du subjonctif

7-7 Entre étudiants. Mettez les verbes entre parenthèses à la forme du subjonctif qui convient.

1. Il faut que je _____ (finir) mon rapport sur le Maghreb.

2. Es-tu content que nous _____ (lire) les œuvres de Begag ?

3. Pour écrire ce rapport, il est important que tu _____ (comprendre) les

    difficultés auxquelles un pays en voie de développement doit faire face.

4. Mon professeur veut que nous _____ (regarder) ensemble mon mémoire sur

    l'art musulman en Espagne.

5. Faut-il que nous _____ (étudier) l'histoire des relations franco-algériennes pour

    mieux comprendre les œuvres d'Assia Djebar ?

6. Je doute que nous _____ (pouvoir) finir l'article sur l'immigration avant demain.

7. Veux-tu qu'on _____ (attendre) Momo et Fatima avant d'aller à la bibliothèque ?

8. Mon professeur aimerait que tous les étudiants de sa classe _____ (voir) le film

    Mémoires d'immigrés.

7-8 Immigration / adaptation. Mettez les verbes entre parenthèses à la forme du subjonctif qui convient.

1. Il est possible que le premier ministre _____ (faire) un discours sur la politique migratoire pendant son séjour dans ce pays, mais ce n'est pas encore certain.

2. Je ne suis pas sûr que vous _____ (savoir) comment remplir tous ces formulaires.

3. Maryam est contente que son fils _____ (vivre) dans un pays démocratique.

4. Il est possible que ma cousine Naila _____ (recevoir) son titre de séjour cette semaine.

5. Il n'est pas clair que Laila _____ (vouloir) immigrer en France.

6. Il est étonnant que vous _____ (choisir) de faire vos courses au marché de Barbès. Il y a tellement de monde !

7. Veux-tu qu'on _____ (aller) au nouveau restaurant égyptien ensemble ?

8. Je ne pense pas que mon ami Karim, qui est musulman, _____ (boire) de l'alcool.

Le passé du subjonctif

7-9 Entre professeurs. Mettez les verbes entre parenthèses au passé au subjonctif. Faites attention aux auxiliaires et aux accords du participe passé.

1. Je suis très contente que Naila _____ (venir) à la conférence hier soir.

2. Je ne crois pas que Bachir _____ (faire) tout le travail seul !

3. Il est étonnant que Maryam _____ (se réveiller) si tôt ce matin. Elle aime dormir très tard le matin.

4. Pensez-vous que tous vos étudiants _____ (comprendre) le texte d'Assia Djebar ?

5. Je doute que cet étudiant_____ (pouvoir) expliquer avec tant de subtilité la politique d'intégration de la France. Quelqu'un a dû l'aider.

Réflexion Culturelle

7-10 Journal de réflexions personnelles. Dans « L'immigration expliquée à ma fille », la fille de Sami Naïr prétend que son père ne comprend pas la situation des immigrés telle qu'elle est actuellement. A-t-elle raison ? Ou est-ce que Sami Naïr comprend encore mieux qu'elle ce que c'est que d'immigrer ?

_____

_____

_____

_____

_____

7-11 Fatoumata et Raphaël parlent de l'immigration. Écrivez ce qu'ils disent. Utilisez le subjonctif dans vos réponses.

MODÈLE :   Vous entendez :   L'assimilation réussit toujours.

Vous écrivez :   Je ne pense pas que l'assimilation *réussisse* toujours.

1. **Fatoumata :** Il faut que les immigrés _____ garder leur culture.

2. **Raphaël :** Il semble que les traditions _____ l'assimilation.

3. **Fatoumata :** Il est étonnant que tu _____ qu'il existe une contradiction

    entre culture et assimilation.

4. **Raphaël :** Je souhaite que tous les immigrés _____ s'intégrer.

5. **Fatoumata :** Nous aimerions que l'intégration _____ trop difficile.

6. **Raphaël :** Il se peut que l'école _____ faciliter l'intégration.

7. **Fatoumata :** C'est dommage que le ministère _____ les cours dans la

    langue natale.

8. **Raphaël :** Beaucoup de professeurs craignent que ces cours _____

    l'apprentissage de la langue.

9. **Fatoumata :** Mes parents sont heureux que mes frères et moi _____ le

    français tout de suite.

10. **Raphaël :** Il est essentiel que l'intégration _____ par la langue.

Subjonctif ou indicatif

7-12 Aïcha apprend le français. Mettez les verbes entre parenthèses au subjonctif présent ou à l'indicatif, selon le cas.

La petite Aïcha n'a que sept ans quand ses parents décident de déménager. Ils veulent que leur enfant

(1) _____ (avoir) une meilleure vie qu'eux, alors ils quittent leur pays pour

immigrer en France. Au début c'est difficile parce qu'il (2) _____ (falloir) que toute

la famille (3) _____ (vivre) avec des parents. Aïcha est entourée de gens qui

l'adorent et la petite fille est contente que tout le monde (4) _____ (faire) attention

à elle. Cependant, la vie devient de plus en plus difficile. À l'école, Aïcha s'étonne que personne ne

(5) _____ (la comprendre). Quelle langue est-ce que les autres enfants

parlent ? Ils ne comprennent pas l'arabe et alors la petite fille se sent isolée et elle est très triste qu'aucun autre

enfant ne (6) _____ (vouloir) jouer avec elle. La maîtresse appelle les parents et leur

parle de la situation. « Il est important qu'Aïcha (7) _____ (apprendre) le français

aussi vite que possible », leur dit-elle. « Il est évident qu'elle (8) _____ (se sentir)

seule ». Les parents doutent qu'Aïcha (9) _____ (pouvoir) apprendre le français en

un an, mais ils se trompent. Aïcha, qui est une petite fille intelligente et sociable, veut tellement jouer avec les

autres enfants qu'elle apprend très vite. Tout le monde est ravi qu'Aïcha (10) _____

(se mettre) à étudier le français avec tant d'enthousiasme.

Passé ou présent du subjonctif

7-13 Politique. Mettez les verbes entre parenthèses au présent ou au passé du subjonctif.

1. Êtes-vous surpris que Nicolas Sarkozy _____ (gagner) les élections en 2007 ?

2. Il est possible que Jacques Cartier _____ (être) le premier Français à explorer le

   Canada, mais il n'est pas certain qu'il _____ (le découvrir).

3. Les étudiants ne sont pas contents que leur professeur _____ (connaître) si peu

   les politiques migratoires européennes.

4. Est-il important que nous _____ (étudier) la politique de la mondialisation

   pour comprendre les conflits entre certains groupes ethniques ?

5. Karim s'étonne que Naila et Hanni _____ (se lancer) dans la politique. Il ne

   savait même pas qu'ils étaient membres d'un parti.

6. Veux-tu qu'on _____ (aller) écouter le discours du candidat beur ?

7. Penses-tu que tous les étudiants _____ (aller) entendre le discours que le

   premier ministre a prononcé samedi dernier sur l'intégration ?

8. Beaucoup d'immigrés ivoiriens sont satisfaits que le ministre de l'intérieur

   _____ (recevoir) leur président pour discuter de politique migratoire.

9. Toute ma famille est ravie que ma petite sœur _____ (obtenir) une bourse

   d'étude pour aller en Afrique. Nous avons fait la fête toute la nuit !

Réflexion littéraire

7-14 Journal de réflexions personnelles. Dans l'extrait des « Voleurs d'écriture », Begag décrit la mésaventure des jeunes. Quand vous étiez jeune est-ce que vous avez jamais eu une aventure ou une mésaventure pareille ? Si oui, qu'est-ce qui s'est passé ? Si non, pensez-vous que l'histoire soit vraisemblable ? Pourquoi ?

_____

_____

_____

_____

_____

Le subjonctif après les conjonctions

7-15 Venir en France. Remplacez la conjonction ou la préposition que vous entendez avec un synonyme de la liste.

à condition que	afin de	afin que	de peur que	quoique

MODÈLE :   Vous entendez :   Il faut parler la langue du pays pour s'intégrer.

Vous écrivez :   Il faut parler la langue du pays *afin de* s'intégrer.

1. _____ s'installer en France, il faut obtenir une carte de séjour.

2. _____ il y ait moins de travail en France, beaucoup de personnes

veulent s'y installer.

3. Bachir a fait des démarches _____ sa famille puisse le rejoindre.

4. Un étranger obtient une carte de séjour _____ il ait un travail.

5. Ce clandestin ne prend pas le métro _____ la police veuille vérifier ses papiers.

7-16 Intégration / assimilation. Reliez les deux phrases que vous entendez avec la conjonction ou la préposition donnée. Utilisez le subjonctif ou la construction infinitive.

MODÈLE : Vous entendez : afin que

Le gouvernement prend des décisions.

Le statut des sans-papiers est régularisé.

Vous écrivez : Le gouvernement prend des décisions *afin que* le

statut des sans-papiers *soit* régularisé.

1. On parle d'intégration _____ l'adaptation à un pays d'accueil.

2. On doit pouvoir s'adapter à un pays _____ sa culture.

3. Je suis pour l'assimilation _____ elle _____.

4. Le racisme existera _____ tout le monde _____ plus

tolérant.

5. Il y aura des immigrés illégaux _____ chaque pays

_____ donner du travail à ses citoyens.

6. Le gouvernement a pris des mesures _____ certains sans-papiers

_____ des titres de séjour.

7-17 Khaled rend visite à sa famille. Complétez les phrases avec le subjonctif, l'indicatif ou l'infinitif. Attention à la logique des temps.

Samedi prochain, je vais prendre le thé avec mon oncle et ma tante qui demeurent toujours à Presles. Bien que

je (1) _____ (être né) en banlieue, maintenant j'habite à Paris, dans le sixième.

J'aime vivre dans la capitale quoique les loyers y (2) _____ (être) excessivement

chers. Avant de/d' (3) _____ (aller) chez eux, je passerai à la pâtisserie de mon

quartier pour (4) _____ (acheter) un gâteau au miel, à moins qu'ils

(5) _____ (ne plus en avoir). Après avoir acheté le gâteau, je prendrai

le train de banlieue et j'arriverai à la gare vers 15h. Je suis certain que mon oncle m'y

(6) _____ (attendre) en voiture. Je sais même qu'il sera là trop tôt de crainte que

le train n' (7) _____ (avoir) quelques minutes d'avance. Il me donnera des

nouvelles de la famille jusqu'à ce que nous (8) _____ (arriver) chez lui. Je serai très

content de voir mes cousines qui maintenant sont étudiantes. Mon oncle est très moderne et laisse beaucoup

d'indépendance à ses filles pourvu qu'elles (9) _____ (faire) des études supérieures

et (10) _____ (réussir) bien. Ma tante, par contre, est toujours inquiète pour ses

filles parce qu'elle (11) _____ (ne pas vouloir) qu'elles renient leur culture. Elle

souhaite qu'elles (12) _____ (savoir) vivre selon les traditions.

Subjonctif ou infinitif

7-18 Famille / éducation / école. Complétez chaque phrase avec la conjonction ou la préposition donnée entre parenthèses. Mettez le verbe entre parenthèses au subjonctif ou à l'infinitif selon le cas.

MODÈLES : (afin de / afin que) (donner) La famille de Iousef a immigré _____

_____ une meilleure vie à leurs enfants.

La famille de Iousef a immigré *afin de donner* une meilleure vie à leurs enfants.

(afin de / afin que) (pouvoir) La famille de Iousef a immigré _____

leurs enfants _____ étudier à l'université.

La famille de Iousef a immigré *afin que* leurs enfants *puissent* étudier à l'université.

1. (sans / sans que) (le savoir) Vincent sort souvent _____ ses parents

_____.

2. (de crainte de / de crainte que) (la punir) Maryam ne porte jamais le voile à l'école

_____ le professeur _____.

3. (sans / sans que) (apprendre) Les enfants d'immigrants ne peuvent pas réussir à l'école

_____ _____ la langue du pays.

4. (pourvu que) (travailler) Nos parents nous laissent sortir le week-end _____

nous _____ diligemment pendant la semaine.

5. (avant / avant que) (émigrer) Naila a appris le français _____ sa famille

_____ d'Égypte.

6. (de peur de / de peur que) (ne pas avoir) Sami essayait d'être comme les autres enfants

_____ _____ d'amis.

7. (bien que) (vouloir) Karim s'intéresse beaucoup à la culture musulmane _____

ses parents _____ qu'il s'intègre complètement à la culture française.

8. (pour / pour que) (lui donner) Les Daanoune envoient leur enfant à l'école coranique un jour par semaine

_____ _____ une éducation biculturelle.

9. (jusqu'à ce que) (obtenir) Ma sœur et moi nous ne retournerons pas au Sénégal

_____ nous _____ notre diplôme.

10. (à condition de / à condition que) (avoir) Une personne pourra immigrer plus facilement

_____ elle _____ des parents qui sont

citoyens du pays d'accueil.

Subjonctif dans les propositions relatives et superlatives

7-19 Karim Seif. Mettez les verbes entre parenthèses au temps voulu du subjonctif ou de l'indicatif, selon le cas.

—Je cherche un secrétaire qui (1) _____ (savoir) parler l'arabe, le français et

l'hébreu et qui (2) _____ (être) très compétent.

—Dans ce cas, vous devriez contacter Karim Seif, mon ancien assistant. C'est l'assistant le plus compétent que

je/j' (3) _____ (jamais avoir).

—Karim c'est celui qui (4) _____ (travailler) pour vous jusqu'à l'année dernière ?

—Oui, c'est lui. Il m'a quitté pour ouvrir un restaurant au centre ville. C'est le seul restaurant du quartier qui

(5) _____ (servir) de la cuisine éthiopienne authentique.

—Je connais ce restaurant. J'y ai mangé l'autre semaine. C'est vrai. La cuisine est excellente. Leur pain, l'*injera*,

est le meilleur que je/j' (6) _____ (jamais manger).

—Oui. Et il n'y a que là-bas qu'on (7) _____ (pouvoir) manger un vrai *Yedero Wot*.

—Qu'est-ce que c'est le *Yedero Wot ?*

—C'est une espèce de pot-au-feu *(stew)* au poulet très épicé.

—Je crois que c'est ce que ma femme (8) _____ (commander). Elle a dit que

c'était délicieux. C'est le premier restaurant éthiopien qu'elle (9) _____ (jamais

essayer).

—De toute façon, contactez Karim. Maintenant que le restaurant marche bien, il cherche peut-être autre chose.

C'est un homme qui (10) _____ (vouloir) toujours apprendre.

7-20 Dictée : Mon ami Raj. Vous allez écouter ce récit en entier. Puis chaque phrase sera relue et vous la retranscrirez. Ensuite, le texte sera relu en entier une dernière fois.

_____

_____

_____

_____

_____

_____

8 La Francophonie

Prononciation

 8-1 Quelques mots. Prononcez et enregistrez les mots suivants. Attention à la prononciation du son [S] et du son [Z].

[S]	[Z]
adresse	désigne
passeport	valise
souvenir	visite
séjour	désagréable
passer	visa
expulser	dépaysé
recevoir	croisière
distance	à l'aise
immigration	refuser
signe	pause

 8-2 S/Z. Écoutez les mots suivants et signalez le son que vous entendez.

1. S   Z   6. S   Z

2. S   Z   7. S   Z

3. S   Z   8. S   Z

4. S   Z   9. S   Z

5. S   Z   10. S   Z

Vocabulaire

8-3 Mon voyage aux Caraïbes. Complétez les phrases avec le mot qui convient. N'oublier paz de conjuguer les verbes et de les mettre au temps qui convient (le présent ou le passé composé), lorsqu'il le faut, et de faire tous les accords nécessaires.

accueillir chaleureusement	appareil photo	faire un voyage	passeport	rêver
agent de voyages	faire sa valise	guide	prendre des photos	visa

L'année dernière j'ai décidé de (1) _____ aux Caraïbes. Cela fait longtemps que

je (2) _____ de visiter ces îles et de (3) _____ de leurs

belles plages. Alors, quand je/j' (4) _____, j'y ai mis mon nouvel

(5) _____ et bien sûr tous mes documents essentiels, mon

(6) _____ et mon (7) _____. Mon

(8) _____, qui avait fait tous les préparatifs pour mes vacances bien à

l'avance, m'avait donné un (9) _____, alors je l'ai inclus. Quand je suis

arrivé tous les gens (10) me/m' _____.

8-4 En voyage. Donnez le mot qui correspond à chaque définition.

1. _____ ne pas faire confiance à quelqu'un

2. _____ une personne née dans le pays où elle habite

3. _____ ce qu'on met dans un appareil

4. _____ le fonctionnaire qui vérifie les marchandises

5. _____ examiner le sac, les valises d'un voyageur

6. _____ avoir le mal du pays

7. _____ faire un voyage en bateau

8. _____ quelqu'un qui parle français

9. _____ visiter des endroits touristiques avec un guide

10. _____ faire ce qui est nécessaire avant de partir

a. être dépaysé

b. un douanier

c. faire une croisière

d. une pellicule

e. faire des préparatifs

f. fouiller

g. un/une francophone

h. un/une indigène

i. se méfier de

j. faire une excursion accompagnée

8-5 À l'étranger. Donnez le masculin de l'adjectif qui correspond au nom que vous entendez.

MODÈLE :   Vous entendez :   Canada

              Vous écrivez :   *canadien*

1. _____   6. _____

2. _____   7. _____

3. _____   8. _____

4. _____   9. _____

5. _____   10. _____

Le pronom personnel

8-6 Dialogue entre Renée et son père. Renée, une Haïtienne, parle avec son père de son prochain voyage en France. Écoutez le dialogue entre Renée et son père. Ensuite, choisissez la réponse qui correspond aux questions.

1. a. son attestation d'accueil
   b. son visa
   c. son passeport
   d. son passeport et son visa

2. a. demain
   b. la semaine prochaine
   c. hier
   d. l'année prochaine

3. a. facile à obtenir
   b. souvent refusé aux étudiants
   c. difficile à obtenir
   d. est plus compliqué pour les étudiants

4. a. Il va la loger.
   b. Il faut qu'il l'aide avec son visa.
   c. Il refuse de l'aider avec son attestation d'accueil.
   d. Il va l'aider à s'inscrire à l'université.

5. a. Jean-Baptiste
   b. Rachel
   c. ses grands-parents
   d. son oncle Aurélien

8-7 Un ami curieux. Vous venez de rentrer d'un voyage au Maroc et votre ami vous pose beaucoup de questions sur votre voyage. Répondez à ses questions avec **le pronom complément d'objet direct (COD), indirect (COI), y** ou **en,** qui correspond aux mots en gras.

—Comment as-tu trouvé **les Marocains** ?

—Je (1) _____ ai trouvés très accueillants.

—Est-ce que tu as envoyé des cartes postales **à tes parents** ?

—Oui, je (2) _____ ai envoyé beaucoup de cartes postales.

—Est-ce que tu as dîné **au restaurant marocain dont tu m'as parlé avant de partir** ?

—Oui, je/j' (3) _____ ai dîné plusieurs fois.

—As-tu essayé beaucoup **de plats différents** ?

—Oui, je/j' (4) _____ ai essayé beaucoup.

—Tu sais que je suis membre d'un club qui se réunit chaque mois. Est-ce que tu pourrais **nous** parler de ton

voyage pour la prochaine réunion ?

—Oui, avec plaisir. J'aimerais bien (5) _____ parler de tout ce que j'ai vu.

—Est-ce que tu pourras répondre **à toutes nos questions sur le Maroc** ?

—J'essayerai de/d' (6) _____ répondre, mais je ne saurai peut-être pas toutes les

réponses.

—As-tu demandé **à ton guide** de te montrer **la ville de Casablanca ?**

—Oui, je (7) _____ ai demandé de me (8) _____

montrer.

—Est-ce que ton guide **t'**a laissé aller où tu voulais ?

—Oui, plus ou moins, il (9) _____ a laissé visiter toute la ville.

—Est-ce que tu penses souvent **à ce voyage** ?

—Oui, je/j' (10) _____ pense souvent.

Réflexion culturelle

8-8 Journal de réflexions personnelles. Au cours de son entretien, Glissant compare les Louisianais aux Antillais, disant qu'il y a plusieurs points communs entre eux. Que pensez-vous de sa comparaison ? Est-elle juste ?

_____

_____

_____

_____

_____

_____

_____

_____

Ordre des pronoms personnels

8-9 L'exposé de Christine. Christine a préparé un exposé sur Haïti. Le reste de la classe lui pose des questions. Complétez les réponses de Christine en utilisant le ou les pronom(s) personnel(s) nécessaire(s).

1. Oui, le sud de l'île _____ est situé.

2. Non, à l'exception de Port-au-Prince, il n'y _____ a pas.

3. Environ la moitié _____ parle.

4. Oui, je vais _____ décrire.

5. Oui, on _____ cultive.

6. Non, ils ne _____ vendent pas.

7. Oui, elle _____ donne beaucoup.

8. Oui, elle s'_____ intéresse.

9. Oui, il _____ célèbre.

10. Oui, elle s'_____ inspire.

8-10 Caroline parle de son voyage et de ses projets. Pour chaque paire de phrases, remplacez les tirets par le pronom (**COD, COI**) qui correspond aux mots soulignés ou par **y** ou **en,** selon le cas.

1. J'ai envoyé <u>des cartes postales de Tunisie</u> <u>à tous mes amis</u>.

   Je _____ ai envoyé.

2. En arrivant, j'ai donné <u>mon passeport</u> <u>à l'agent</u>.

   Je _____ ai donné.

3. Paul, lui, avait oublié de mettre <u>son visa et son passeport</u> <u>dans son bagage à main</u>.

   Paul avait oublié de _____ mettre.

4. J'ai demandé <u>au guide</u> de <u>me</u> montrer <u>quelques beaux produits en cuir de Tunisie</u>.

   Je _____ ai demandé de _____ montrer

   quelques-uns.

5. Notre guide <u>nous</u> a présenté <u>la célèbre mosquée de la ville</u>.

   Notre guide _____ a présentée.

6. On peut voir <u>des fresques incroyables</u> <u>dans cette mosquée</u>.

   On peut _____ voir.

7. Les guides lisent souvent <u>les passages les plus beaux du Coran</u> <u>aux touristes</u>.

   Les guides _____ lisent souvent.

8. Le guide a suggéré que je mette <u>mon appareil</u> <u>dans mon sac</u> pendant la visite.

   Il a suggéré que je _____ mette.

9. Tu songeras <u>à ce voyage</u> pour le reste de ta vie, n'est ce pas ?

   J'_____ songerai pour le reste de ma vie.

10. Vas-tu <u>nous</u> offrir <u>un beau cadeau</u> à chacun ?

    Je vais _____ offrir un à chacun.

L'impératif avec les pronoms personnels

8-11 En Tunisie. Mettez les phrases à l'impératif en remplaçant les mots soulignés par le pronom personnel qui convient ou par **y** ou **en,** selon le cas.

MODÈLE :   Vous donnez <u>votre billet</u> <u>à l'agent.</u>

                Donnez-le-lui !

1. Tu envoies <u>des cartes postales de Djerba</u> <u>à ta tante.</u>

   _____ !

2. Nous donnons <u>notre valise</u> <u>au porteur.</u>

   _____ !

3. Tu lis <u>le guide</u> <u>à tes amis.</u>

   _____ !

4. Vous <u>nous</u> parlez <u>de votre voyage.</u>

   _____ !

5. Vous <u>me</u> décrivez <u>la culture tunisienne.</u>

   _____ !

Pronoms toniques

8-12 Béatrice et Jean-Luc comparent leurs voyages. Écoutez les questions de Béatrice et complétez les réponses de Jean-Luc avec le pronom tonique qui convient.

1. _____, j'ai fait un voyage au Québec.

2. Oui, j'y suis allé avec _____.

3. Oui, c'est _____ qui avons organisé le voyage.

4. _____, j'ai préféré la ville de Québec.

5. _____, ils ont préféré Montréal parce que la vie y est plus active.

6. Oui, elle a pu venir avec _____.

7. Oui, _____ et _____ nous avons flâné dans la

vieille ville de Québec.

8. _____, j'y suis allé, mais _____, elle n'a pas voulu

m'accompagner.

9. Oui, _____ et _____ avons visité le Canyon

Sainte-Anne.

10. Non, _____, je n'ai pas eu cette impression du tout !

8-13 Voyage au Maghreb. Remplacez les mots soulignés par le pronom tonique qui convient.

1. Parmi nous, il n'y a qu'<u>Assia</u> qui puisse parler arabe.

   Parmi nous, il n'y a que/qu' _____ qui puisse parler arabe.

2. Après quelques semaines, nous nous sommes habitués <u>à tous nos guides</u>.

   Après quelques semaines, nous nous sommes habitués à _____.

3. Ni <u>Karim</u> ni <u>Maryam</u> n'ont lu le Coran en entier mais ils le connaissent.

   Ni _____ ni _____ n'ont lu le Coran en entier

   mais ils le connaissent.

4. Nous sommes très contents <u>des guides que nous avons eus pendant notre voyage</u>.

   Nous sommes très contents de/d' _____.

8-14 Études francophones. Répondez aux questions suivantes en remplaçant les mots soulignés par le pronom personnel qui convient ou par **y** ou par **en.**

1. Est-ce que vous trouvez <u>les études francophones</u> intéressantes ?

   Oui, je _____ trouve intéressantes.

2. Est-ce que vous vous intéressez à <u>Assia Djebar</u> ?

   Oui, je m'intéresse à _____.

3. Pensez-vous souvent <u>à la culture algérienne</u> après avoir lu le texte de Djebar ?

   Oui, je/j' _____ pense souvent.

4. Est-ce que la narratrice dans l'histoire de Djebar a peur <u>de l'avenir</u> ?

   Oui, elle _____ a peur.

5. Aimeriez-vous faire <u>un voyage d'étude au Sénégal</u> ?

   Oui, j'aimerais _____ faire un.

6. Est-ce que Mokrane va <u>vous</u> lire <u>le journal de ses voyages en Afrique</u> ?

   Oui, il va _____ lire.

7. Est-ce que Tamsir <u>t</u>'a donné à lire <u>son essai sur Maryse Condé</u> ?

   Oui, il _____ a donné à lire.

8-15 Mélange. Répondez aux questions suivantes en remplaçant les mots soulignés par le pronom personnel qui convient ou par **y** ou par **en.**

1. À votre avis, est-il facile de s'habituer à <u>une culture différente</u> ?

   Non, il n'est pas facile de se/s' _____ habituer.

2. Est-ce qu'Aïcha est contente <u>de ses vacances au Maroc</u> ?

   Non, elle ne/n' _____ est pas contente.

3. Est-ce qu'Ibrahim pense trop <u>à ses parents</u> quand il est <u>à l'université</u> ?

   Oui, il pense trop à _____ quand il _____ est.

4. En matière de droit de l'immigration, peut-on se fier à <u>Maryam et Charlotte</u> ?

   Non, on ne peut pas se fier à _____.

5. Est-ce que Mansi s'occupe <u>des enfants de sa sœur</u> ?

   Oui, elle s'occupe de/d' _____ .

6. Y a-t-il <u>des documents importants</u> <u>dans la valise de Mariama</u> ?

   Oui, il _____ a.

7. Avez-vous jamais oublié de mettre <u>vos papiers</u> <u>dans votre sac</u> ?

   Non, je n'ai jamais oublié de _____ mettre.

8-16 Dictée : Mon voyage au Québec. Vous allez écouter ce récit en entier. Puis chaque phrase sera relue et vous la retranscrirez. Ensuite, le texte sera relu en entier une dernière fois.

_____

_____

_____

_____

_____

_____

_____

_____

_____

_____

_____

_____

_____

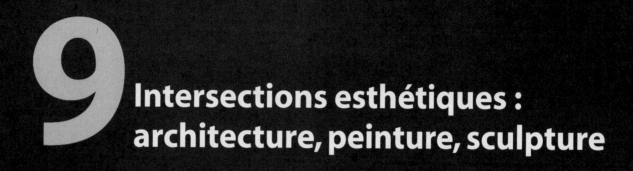

9 Intersections esthétiques : architecture, peinture, sculpture

Prononciation

9-1 Quelques mots. Prononcez et enregistrez les mots suivants. Attention à la prononciation du son ch [ʃ] et du son j/g. [ʒ]

[ʃ]	[ʒ]
chant	jeune
architecte	tragédie
gauche	dramaturge
riche	paysagiste
chevalet	argile
achat	tirage
chapeau	nuage
chance	joli
chef-d'œuvre	jaune
changement	journal

9-2 D'autres mots. Écoutez les mots, copiez-les et notez si les sons que vous entendez sont identiques ou non.

1. _____ identique   différent

2. _____ identique   différent

3. _____ identique   différent

4. _____ identique   différent

5. _____ identique   différent

6. _____ identique   différent

7. _____ identique   différent

8. _____ identique   différent

9. _____ identique   différent

10. _____ identique   différent

Vocabulaire

9-3 Les outils de l'artiste. Remplacez les tirets par le mot qui convient. N'oubliez pas de faire tous les accords nécessaires.

| appareil photo | chanson | dramaturge | peindre | tableau |
| atelier | chanter | faire des photos | pinceau | toile |

Le (1) _____ écrit des pièces de théâtre. Le peintre utilise un

(2) _____ et une (3) _____ pour

(4) _____ ses (5) _____. Il travaille souvent dans son

(6) _____. Un musicien écrit des (7) _____, mais il ne

peut pas toujours (8) _____. Le photographe aime

(9) _____ avec son (10) _____.

9-4 Tous les membres de ma famille sont artistes, sauf moi ! Remplacez les tirets par le mot de la liste qui convient. Faites attention à tous les accords.

appareil numérique	arc-boutant	doué	gargouille	texture
l'aquarelle	don	estompé	peinture à l'huile	vitrail

Tous les membres de ma famille sont des artistes très (1) _____. Mon père, par

exemple, est un excellent photographe. Il a toutes sortes d'appareils, mais comme il adore la technologie, il

préfère son (2) _____. Il admire l'architecture du Moyen Âge, alors il aime

prendre en photo les (3) _____, les (4) _____, et les

(5) _____ des églises, comme à Notre-Dame de Paris. Ma mère aussi est artiste.

Elle préfère la (6) _____ parce qu'elle aime la (7) _____

des couleurs. Ma sœur, par contre, préfère peindre à (8) _____ parce que les

couleurs sont plus claires et (9) _____. Je suis le seul de ma famille à ne pas avoir de

(10) _____ artistique, mais j'admire la créativité des autres.

9-5 L'artiste et son art. Écrivez l'art qui correspond à la profession que vous entendez.

MODÈLE :   Vous entendez :   chanteur

Vous écrivez :   *chant*

1. _____

2. _____

3. _____

4. _____

5. _____

6. _____

7. _____

8. _____

9. _____

10. _____

Verbes pronominaux

 9-6 Laurine la curieuse. Laurine est très curieuse et pose constamment des questions à sa sœur Béatrice. Complétez les réponses de Béatrice en mettant les verbes à la forme pronominale. N'oubliez pas de mettre les verbes au négatif, lorsqu'il le faut (**ne...pas, ne...jamais**).

MODÈLE :   Vous entendez :   Est-ce que tu t'en vas maintenant ?

                 Vous écrivez :   Oui, je *m'en vais* tout de suite.

1. Oui, je _____.

2. Non, je _____ à peindre.

3. Oui, je _____ à des cours.

4. Oui, ils _____ bien.

5. Oui, nous _____ énormément.

6. Oui, nous _____ quelquefois.

7. Non, ils _____.

8. Non, il _____.

9. Oui, nous _____ bien.

10. Non, nous _____ ; mais tu es trop curieuse.

9-7 Georges et Jacques vont au Musée Rodin. Remplacez les tirets par le verbe pronominal de la liste qui convient au temps indiqué entre parenthèses. N'utilisez chaque verbe qu'une seule fois.

s'arrêter	se demander	s'en aller	s'impatienter	se passer
se contenter	se détendre	se fâcher	se lever	se réveiller
se coucher	se disputer	s'habiller	se moquer	se souvenir

L'été dernier mon ami Georges et moi avons passé nos vacances à Paris. Comme j'admire énormément les

sculptures de Rodin, naturellement je voulais visiter le Musée Rodin. J'ai convaincu Georges, qui n'aime pas

l'art, de m'accompagner. Alors le jour de la visite, je (1) _____ (passé composé)

tôt et j'ai essayé de réveiller Georges. Puisqu'il (2) _____ (plus-que-parfait)

tard la veille, il ne voulait pas (3) _____ (infinitif). Je

(4) _____ (passé composé) contre lui, et finalement, il

(5) _____ (passé composé) et on est partis pour le musée. Comme

Georges ne peut pas (6) _____ (infinitif) de son café le matin, on a dû

(7) _____ (infinitif) dans un café où on (8) _____

(passé composé) pendant une demi-heure. On est finalement arrivés au Musée Rodin, mais Georges

avait oublié son portefeuille. Je (9) _____ (passé composé), on

(10) _____ (passé composé), et Georges (11) _____

(passé composé) fâché. Je (12) _____ (passé composé) de visiter le musée seul

et je (13) _____ (passé composé) pourquoi je voulais venir avec Georges. Après

tout, il n'aime pas l'art et il (14) _____ (présent) des artistes, disant qu'ils n'ont

pas du tout l'esprit pratique. Je pense que ma visite au Musée Rodin était mille fois plus agréable sans Georges

et je (15) _____ (futur) toujours des sculptures que j'ai vues.

Les verbes pronominaux et l'accord du participe passé

9-8 Michelle au Louvre. Michelle, une jeune étudiante américaine, a passé une année à Paris à étudier. Elle parle de sa première visite au Louvre. Mettez les verbes entre parenthèses au passé composé. Faites attention à l'accord du participe passé.

Le jour où j'ai décidé d'aller au Louvre, je (1) _____ (se réveiller) très tôt.

Je voulais arriver avant tous les autres gens parce que je ne voulais pas faire la queue pendant des heures.

Je (2) _____ (se doucher) et (3) _____

(s'habiller) rapidement. Je (4) _____ (se brosser) les cheveux et les dents, et je

(5) _____ (partir) vers 9h. Je (6) _____

(se demander) quel métro prendre pour arriver le plus vite au Louvre. Malheureusement, je

(7) _____ (se tromper) de station de métro, et alors je

(8) _____ (arriver) relativement tard le matin. Il y avait déjà une

énorme queue ! J'ai dû faire la queue comme tout le monde. Quand je (9) _____

(se présenter) au guichet pour acheter mon billet, je (10) _____ (se rendre compte)

que j'avais oublié mon portefeuille chez moi. Que je (11) _____ (se fâcher)

contre moi-même ! Je (12) _____ (se dépêcher) pour rentrer chez moi et je

(13) _____ (revenir) avec le portefeuille. Heureusement pour moi, une dame

aimable qui sortait du Louvre et qui y travaillait, (14) _____ (se souvenir) de moi et

(15) _____ (s'occuper) de tout. Elle m'a dit de la suivre et elle m'a fait entrer sans

avoir à faire la queue. J'ai été émerveillée par tout ce que j'ai vu au Louvre !

Réflexion culturelle

9-9 Journal de réflexions personnelles. Est-ce que vous êtes artiste ou est-ce que vous aimeriez être artiste ? Quel rôle est-ce que l'art joue dans votre vie ?

_____

_____

_____

_____

_____

_____

L'infinitif et les prépositions

Avant de et *après*

9-10 Pauline décide de se spécialiser en histoire de l'art. Choisissez le verbe de la liste qui convient et mettez-le à l'infinitif présent ou passé, selon le cas.

| aller | s'inscrire | obtenir | se renseigner | visiter |

1. Avant de/d' _____ le Musée d'Orsay, Pauline a étudié les peintres

   impressionnistes pour mieux comprendre les œuvres d'art qu'elle allait voir.

2. Après _____ à ce musée merveilleux, elle a décidé d'étudier l'histoire de l'art.

3. Après _____ sur les divers programmes d'étude en France et aux États-Unis, elle

   a décidé de rester en France.

4. Avant de/d' _____ à l'université, Pauline a parlé avec plusieurs professeurs de ses

   projets pour l'avenir.

5. Après _____ son doctorat en histoire de l'art, Pauline est rentrée aux États-Unis

   où elle est devenue professeur d'histoire de l'art français.

À ou *de*

9-11 Verbes. Écoutez ces verbes qui sont suivis d'une préposition devant le verbe à l'infinitif. Indiquez la préposition correcte.

1. à	de		9. à	de
2. à	de		10. à	de
3. à	de		11. à	de
4. à	de		12. à	de
5. à	de		13. à	de
6. à	de		14. à	de
7. à	de		15. à	de
8. à	de		16. à	de

Nom: _____   Date: _____

9-12 La vie de Degas. Remplacez les tirets par la préposition **à** ou **de**, selon le cas. Si une préposition n'est pas nécessaire, mettez une croix (X).

Le peintre impressionniste Edgar Degas est né à Paris en 1834. Il a grandi dans une famille bourgeoise

privilégiée et il a passé son enfance (1) _____ jouer avec ses quatre frères

et sœurs. Cependant, Degas a commencé (2) _____ peindre et

(3) _____ dessiner très jeune. En fait, de toutes ses activités, il préférait

(4) _____ dessiner. Après avoir obtenu son baccalauréat, Degas s'est

voué à l'art. Il aimait (5) _____ fréquenter la Bibliothèque nationale

où il s'intéressait (6) _____ étudier les estampes. Degas semblait

(7) _____ savoir intuitivement qu'il avait besoin

(8) _____ s'entraîner, alors il essayait (9) _____

copier les œuvres de grands artistes comme Albrecht Dürer et Rembrandt. Il voulait tellement

(10) _____ devenir un grand artiste lui-même qu'il s'est habitué

(11) _____ aller au Louvre. Il a choisi surtout

(12) _____ étudier les peintres italiens et hollandais. Comme Degas

avait décidé (13) _____ devenir peintre, il avait envie

(14) _____ suivre des cours à l'École des Beaux-Arts à Paris. Là, il a appris

(15) _____ imiter le style des peintres classiques italiens. La famille de Degas

appréciait les beaux-arts et pour aider Degas (16) _____ développer son talent

artistique, ses parents l'ont encouragé (17) _____ voyager en Italie, ce qu'il a fait

plusieurs fois. C'est en Italie qu'il a eu la chance (18) _____ faire la

connaissance de l'artiste Gustave Moreau et tous deux sont devenus amis. Bien que Degas ait aimé

(19) _____ voyager en France et à l'étranger, il était plus heureux

(20) _____ vivre à Paris. Malheureusement, à partir de 1875, à cause

de problèmes d'argent, Degas a été obligé (21) _____ peindre pour gagner sa vie. Il

était ravi (22) _____ voir le succès de ses tableaux de chevaux et de danseuses de ballet. Cependant dans les années 80, comme la vue de Degas s'affaiblissait, il a cessé

(23) _____ peindre à l'huile. Pendant cette période il préférait le pastel et

l'aquarelle. À partir de 1890, Degas a eu peur (24) _____ devenir complètement

aveugle, donc il s'est voué à la sculpture. Vers la fin de sa vie, ce grand artiste du mouvement impressionniste

refusait (25) _____ fréquenter ses amis et cet homme solitaire est mort en 1917.

Participe présent et gérondif

9-13 Faits divers sur plusieurs artistes. Écoutez les paires de phrases et combinez-les en donnant le participe présent ou la forme composée du participe présent du premier verbe.

MODÈLE :   Vous entendez :   Van Gogh s'est coupé l'oreille. Tout le monde a pensé qu'il était fou.

Vous écrivez :   Van Gogh *s'étant coupé* l'oreille, tout le monde a pensé qu'il était fou.

1. Caillebotte _____ beaucoup d'argent, a aidé ses confrères.

2. Cézanne _____ au lycée à Aix, est devenu ami avec Zola.

3. Degas ne _____ pas à la nature, a fait beaucoup de portraits.

4. Manet _____ attiré par la peinture, s'est inscrit aux Beaux-Arts.

5. Gauguin _____ voyager, fait un séjour à Tahiti.

9-14 Habitudes de plusieurs artistes. Écoutez les paires de phrases suivantes et combinez-les avec un gérondif.

MODÈLE :   Vous entendez :   Manet a appris la peinture. Il a suivi des cours avec Thomas Couture.

Vous écrivez :   Manet a appris la peinture *en suivant* des cours avec Thomas Couture.

1. Cézanne trouvait l'inspiration _____ dans la campagne.

2. Van Gogh a appris à peindre _____ des dessins.

3. Monet crée ses toiles _____ sur la lumière et les couleurs.

4. Courbet s'est fait connaître _____ des œuvres réalistes.

5. Renoir a acquis des idées pour ses tableaux _____ dans la forêt.

9-15 Le mouvement impressionniste. Remplacez les tirets par le participe présent, précédé de **en** ou de **tout en,** si nécessaire, ou par la forme composée du participe présent.

1. L'impressionnisme paraissait moderne _____ (scandaliser) le public.

2. Manet a inspiré le mouvement impressionniste _____ (se rebeller) contre les traditions.

3. Manet _____ (s'opposer) aux anciens est devenu le chef de l'école moderne.

4. _____ (être) refusés au Salon officiel de Paris, les artistes ont créé le Salon des refusés.

5. Le mouvement impressionniste réunissait des peintres _____ (partager) les mêmes idées novatrices.

6. Degas a appris à peindre _____ (imiter) les grands artistes classiques.

7. Degas continuait à sculpter _____ (être) aveugle.

8. _____ (chercher) une inspiration nouvelle, Monet s'est installé à Giverny.

9-16 Poursuivre des études en art ou non. Remplacez les tirets par le participe présent, précédé de **en** ou de **tout en,** si nécessaire, ou par la forme composée du participe présent.

1. Mon ami Jacques, étudiant aux Beaux-Arts, est entré dans la pièce _____ (courir) et _____ (crier), « J'ai fait la connaissance de la fille de Picasso ! »

2. Dans mon cours d'histoire de l'art, plusieurs étudiants écoutent le professeur _____ (dessiner).

3. _____ (savoir) qu'il n'avait aucun don artistique, mon frère a décidé de devenir homme d'affaires. Maintenant que sa fortune est faite, il soutient les arts _____ (donner) beaucoup d'argent aux jeunes artistes pauvres.

4. _____ (obtenir) son diplôme de l'École des Beaux-Arts à Paris, Magali a facilement trouvé un poste dans un musée cosmopolite aux États-Unis.

5. _____ (avoir) peur de ne pas réussir dans le monde des beaux-arts, ma sœur est

devenu architecte.

6. Mon amie Suzanne veut devenir une artiste célèbre et riche. _____ (attendre),

elle travaille comme serveuse et étudie à l'école des beaux arts le soir.

9-17 Dictée : Édouard Manet. Vous allez écouter ce récit en entier. Puis chaque phrase sera relue et vous la retranscrirez. Ensuite, le texte sera relu en entier une dernière fois.

_____

_____

_____

_____

_____

_____

_____

10

Regard sur la France : le septième art ou le cinéma

Prononciation

 10-1 Prononciation. Prononcez et enregistrez les mots suivants. Attention à la prononciation du son [p] et du son [b].

[p]	[b]
personnage	bobine
épouvante	bruitage
produire	fabuleux
plan	débutant
passer	liberté
projeter	doubler
présentation	habitude
polémique	bon
impossible	blanc
suspense	tube

Vocabulaire

 10-2 L'intonation et l'émotion. Écoutez les phrases suivantes en faisant attention à l'intonation. Mettez la lettre qui correspond à l'émotion exprimée par l'intonation de chaque phrase.

1. _____   a. la surprise

2. _____   b. le doute

3. _____   c. l'interrogation

4. _____   d. l'insistance

5. _____

6. _____

10-3 Marc adore le cinéma. Remplacez les tirets par le mot qui convient. Faites attention aux accords.

acteur	ennuyeux	film en noir et blanc	personnage principal	sous-titre
drame psychologique	film à suspense	metteur en scène	scénario	succès

Chaque jour Marc travaille de très longues heures, et alors il a besoin de se détendre. Son activité préférée est le

cinéma. À son avis, les films l'aident à oublier toutes les responsabilités de son job. De tous les genres, Marc

préfère les (1) _____ où il y a peut-être un meurtre ou un vol important.

Ce n'est pas qu'il aime la violence, mais il apprécie une bonne intrigue où on ne sait pas ce qui va se passer, ni si le

(2) _____ est le meurtrier ou le voleur ou non. Souvent ce genre de film est aussi un

(3) _____. Il y a une espèce de jeu cérébral entre un détective et le malfaiteur.

Marc pense que le film « Harry, un ami qui vous veut du bien » est un bon exemple des deux genres. Le film n'est

pas (4) _____ du tout et a eu beaucoup (5) _____. Selon

Marc, le (6) _____ a beaucoup de talent. Néanmoins, le meilleur film de ce genre sera

toujours « Casablanca », bien que ce soit un (7) _____. Pour Marc, Humphrey Bogart

et Ingrid Bergman sont les meilleurs (8) _____ du cinéma classique. Bien que Marc

doive lire les (9) _____ du film, il l'apprécie toutes les fois qu'il le voit. Selon Marc, le

(10) _____ est absolument parfait. De toute façon, comme Marc va au cinéma au

moins deux fois par semaine, si vous voulez voir un bon film, consultez-le. Il l'aura certainement vu.

10-4 Que j'admire ces metteurs en scène ! Remplacez les tirets par les mots qui conviennent. Faites attention aux accords et n'oubliez pas de conjuguer les verbes, lorsqu'il le faut.

accessoire	doublé	génial	navet	produire
bruitage	effet spécial	musique de fond	prix	tourner

De nos jours, George Lucas est peut-être le cinéaste qui maîtrise le mieux les

(1) _____. Sa « Guerre des étoiles » est un véritable chef d'œuvre des

films d'aventure. Les (2) _____ du premier film de la série étaient absolument

(3) _____ et dans la salle de cinéma le (4) _____

était tellement réaliste qu'on s'imaginait facilement dans une guerre entre plusieurs planètes. La première

fois que j'ai vu le film, j'ai dû me boucher les oreilles, tellement le son était fort. La

(5) _____ est très émouvante aussi. Chaque fois qu'on l'entend on est

encore transporté au monde de Luke Skywalker et de Darth Vader. Un autre maître des effets spéciaux, c'est

Steven Spielberg, qui montre son talent pour les films d'aventure dans les séries « Indiana Jones » et « Jurassic

Park ». Aucun de ces films n'est un (6) _____. Cependant Spielberg n'est pas

seulement un des rois des films d'aventure. Il (7) _____ des films très sérieux aussi,

comme « La Shoah » pour lequel il a reçu un (8) _____ prestigieux. Il faudrait

beaucoup d'encre pour parler de tous les films de Spielberg, mais je crois qu'il est très apprécié dans le monde

entier. Ses films ont été (9) _____ en plusieurs langues, et je crois que tout le

monde espère qu'il continuera à (10) _____ des films.

10-5 Au cinéma. Choisissez le mot qui convient à la définition que vous entendez.

1. doublé   en version originale

2. le générique   un gros plan

3. l'écran   la bobine

4. les accessoires   les effets spéciaux

5. le bruitage   la musique de fond

6. l'acteur   le metteur en scène

7. un film d'épouvante   un drame psychologique

8. un prix   un plan

9. la bande annonce   le générique

10. un dessin animé   un court métrage

Futur proche

10-6 Je vais au cinéma avec Paul. Mettez les verbes entre parenthèses au futur proche. Faites attention à la syntaxe.

1. Mon ami Paul va au cinéma ce soir pour voir le nouveau film de Kassovitz.

   Je _____ (le voir) avec lui.

2. Paul me dit, « Tu _____ (beaucoup aimer) ce film. »

3. Nous _____ (ne pas manger) au restaurant après le film.

4. On _____ (dîner) chez moi.

5. Je _____ (préparer) un dîner superbe.

Futur

10-7 Erwan, un jeune acteur, pense et rêve à sa future carrière. Que dit-il ? Écoutez ses phrases et ensuite mettez les verbes au futur.

1. Je _____ dans une école de théâtre.

2. J'_____ à Paris ou à Bruxelles.

3. Je _____ des cours régulièrement.

4. Mes professeurs me _____ des conseils.

5. J'_____ de faire du théâtre amateur.

6. Après l'école, il _____ que je fasse d'autres stages.

7. Trouver des castings _____ crucial.

8. Faire de la figuration m'_____.

9. Des petits rôles me _____ de me perfectionner.

10. Avec un ami, je _____ un script.

11. Nous _____ le script à un studio.

12. Nous _____ jouer dans le film.

13. Finalement, le film _____ du succès.

14. Nous _____ célèbres.

10-8 Allons au cinéma. Mettez les verbes entre parenthèses au futur simple ou au présent, selon le cas. Faites tous les accords nécessaires.

1. Quand nous _____ (avoir) le temps, nous irons au cinéma.

2. Quand on _____ (vouloir) voir un film populaire, il vaut mieux acheter ses

   billets bien à l'avance.

3. Je _____ (t'amener) au nouveau film de Kassovitz dès qu'on

   _____ (le passer) ici.

4. Après que vous _____ (voir) ce film d'épouvante, vous

   _____ (chercher) toujours des monstres sous votre lit.

5. Aussitôt que Jean _____ (t'appeler), dis-lui qu'il me doit 20 euros.

6. En général, où est-ce que tu _____ (acheter) tes billets de cinéma ? Au guichet

du cinéma ou sur Internet ?

7. Ils _____ (nous attendre) devant le cinéma pourvu que nous soyons à l'heure.

8. Est-ce que tu _____ (aller) avec moi, si je paie les deux billets ?

Futur antérieur

10-9 Conseils à un jeune acteur. Un vieil acteur donne des conseils à son jeune collègue. Mettez les verbes entre parenthèses au futur antérieur.

Mon cher Philippe, quand tu (1) _____ (jouer) dans autant de films que moi, tu

sauras que notre métier est loin d'être facile. Tu (2) _____ (apprendre peut-être)

par cœur ton rôle, mais tu reconnaîtras que cela ne suffit pas, car, pour chaque rôle bien joué, il

(3) _____ (falloir) que tu te mettes entièrement à la place du personnage que tu

interprètes et que tu te perdes dans ce rôle. Tu verras que certains de tes collègues, après quelques échecs,

(4) _____ (ne pas avoir) le courage de continuer. En plus, il y aura les

tentations de la célébrité auxquelles peu d'acteurs peuvent résister. Néanmoins, si tu as confiance

en toi et si tu persistes, tu auras une belle carrière. Si tu suis mes conseils, quand tu auras mon âge,

tu (5) _____ (développer) ton talent au maximum.

Réflexion culturelle

10-10 Journal de réflexions personnelles. Que pensez-vous de l'entretien avec Gérard Depardieu ? L'avez-vous jamais vu jouer dans un film ? Lequel ? Est-ce que ce qu'il dit vous étonne ? Pourquoi ou pourquoi pas ?

_____

_____

_____

_____

_____

_____

_____

Le conditionnel

10-11 Jasmine rêve de devenir metteur en scène de théâtre. Écoutez les phrases et transformez-les en mettant l'infinitif que vous entendez au conditionnel.

MODÈLE :   Vous entendez :   Jasmine rêve d'aller à Broadway.

Vous écrivez :   Elle *irait* à Broadway.

1. Elle _____ avec des gens du spectacle.

2. Elle _____ des stages.

3. Elle _____ à des festivals.

4. Elle _____ une subvention.

5. Elle _____ beaucoup de pièces.

6. Elle _____ un texte.

7. Elle _____ aux acteurs.

8. Elle _____ des auditions.

9. Elle _____ transmettre ses idées.

10. Elle _____ des salles pour le spectacle.

11. Elle _____ le décor.

12. Elle _____ heureuse de commencer les répétitions.

10-12 Sorties du week-end. Mettez les verbes entre parenthèses au conditionnel, ensuite utilisez les catégories suivantes pour indiquer le sens de ce conditionnel dans l'espace qui suit la phrase : **politesse, souhait, hypothèse, expression idiomatique, passé du futur.**

MODÈLE :   (avoir) Prenez votre carte bancaire au cas où vous _____ besoin de

plus d'argent pour payer les billets. _____

Prenez votre carte bancaire au cas où vous *auriez* besoin de plus d'argent pour payer les billets. *expression idiomatique*

1. (pouvoir) —Excusez-moi, Madame, mais _____-vous me dire comment aller à

la Comédie Française ? _____

2. (t'accompagner) Jean m'a dit qu'il _____ au cinéma.

_____

3. (être) Ma mère a pensé que je _____ en retard. _____

4. (se perdre) Au cas où vous _____, appelez-moi. Voilà le numéro de mon

portable. _____

5. (aimer) Je/j' _____ tellement voir cet acteur ! _____

6. (produire) Selon ce critique, ce jeune metteur en scène _____ un film sur les

années 20 à Paris. _____

7. (avoir) —Excusez-moi, Monsieur, mais est-ce que vous _____ l'heure ? Je ne

veux pas manquer le début du film. _____

8. (avoir) Si vous alliez au théâtre, vous _____ l'option de parler avec les acteurs à

la fin de la pièce. Ce n'est pas vrai pour un film. _____

9. (vouloir) Nous _____ tous aller voir le nouveau film avec Catherine Deneuve.

_____

10. (envoyer) Marc a dit qu'il _____ la critique du film au journal dans deux jours.

_____

Le conditionnel passé

10-13 Regrets. Mettez les verbes entre parenthèses au conditionnel passé.

1. (vouloir) Ma mère _____ être actrice, mais elle avait trois enfants à élever seule

et elle travaillait de longues heures pour subvenir à nos besoins.

2. (aimer) Mon frère _____ être metteur en scène. Il s'intéresse au cinéma et

surtout aux effets spéciaux.

3. (souhaiter) Mes parents _____ faire du théâtre mais ils ne voulaient pas vivre

à New York.

4. (aller) Je/J' _____ à New York si mes parents avaient accepté.

5. (prendre) Ma mère _____ des cours de chant si elle n'était pas tombée enceinte.

10-14 Est-ce bien vrai ? Mettez les verbes entre parenthèses au conditionnel passé.

1. (se marier) Selon le journal télévisé, ce milliardaire _____ avec une belle

    vedette du cinéma hollywoodien.

2. (faire) Johnny Depp _____ plusieurs films français.

3. (vivre) Vanessa Paradis et Johnny Depp _____ ensemble huit ans.

4. (avoir) Catherine Deneuve _____ un fils avec Roger Vadim.

5. (jouer) Gérard Depardieu _____ dans une cinquantaine de films.

Devoir

10-15 Au cinéma. Remplacez les tirets par le temps qui convient du verbe **devoir**, selon l'emploi indiqué
entre parenthèses.

1. Tu _____ (obligation) absolument m'accompagner au centre ville. Omar Sharif

    _____ (suggestion) y tourner. Nous _____ (conseil)

    lui demander son autographe.

2. Je/j' _____ (regret) t'écouter, mais je crois que c'est trop tard maintenant. Omar

    Sharif _____ (probabilité) être parti.

3. Marianne _____ (supposition) me rencontrer au cinéma à 17h, mais elle n'est

    jamais venue. Elle _____ (probabilité) oublier.

4. Vous _____ (conseil) acheter vos billets bien à l'avance. C'est la première du film.

5. On _____ (supposition) aller tous ensemble au restaurant et ensuite au cinéma.

    Malheureusement, Jean avait dépensé tout son argent pour des billets de loterie et n'a pas pu venir.

    Il _____ (regret) faire des économies.

10-16 Gabrielle donne des conseils à Julien dont la carrière n'avance pas vite. Elle aurait fait le contraire de ce qu'il dit. Écoutez ce que dit Julien. Ensuite complétez les conseils de Gabrielle en utilisant le conditionnel passé.

MODÈLES :   Vous entendez :   (**Julien** :)   Je n'ai pas suivi de cours de théâtre.

                 Vous écrivez :   (**Gabrielle** :)   À ta place, j'*aurais suivi* des cours de théâtre.

1. Je _____ sur les écoles de théâtre.

2. Je _____ à beaucoup de castings.

3. J' _____ du théâtre amateur.

4. J'_____ mon talent.

5. J' _____ mes parents de me laisser aller à Paris.

6. Mes profs m' _____.

7. J' _____ le guide du comédien.

8. Je _____ à une école.

Phrases hypothétiques

10-17 Hypothèses. Mettez les verbes entre parenthèses au temps qui convient. Les possibilités sont : **le présent, l'impératif, le futur, l'imparfait, le plus-que-parfait, le conditionnel** et **le conditionnel passé.**

1. (aller) Si tu as le temps, on _____ au cinéma ce soir.

2. (acheter) Si j'avais su qu'il n'y aurait plus de billets, je les _____ sur Internet.

3. (demander) Si vous voyez Johnny Depp au Festival de Cannes, _____-lui son

   autographe.

4. (avoir) Si Pauline va à toutes les répétitions, elle _____ le rôle principal.

5. (choisir) Si mon frère avait plus de talent, son professeur de drame le _____

   plus souvent.

6. (se comporter) On ne critiquerait pas cet acteur s'il _____ mieux en public.

7. (décider) Marianne aurait épousé Marc s'il _____ de devenir acteur.

8. (voir) Si tu _____ ce film, tu l'aimeras. J'en suis sûr.

9. (ne pas écrire) Ce critique _____ ce compte rendu sévère si l'acteur ne l'avait

   pas insulté en public.

10. (voir) Si vous aimez les films de Kassovitz, _____ « La Haine ».

11. (ne pas faire) Ce metteur en scène _____ de documentaires sur

    l'environnement s'il ne s'intéressait pas vivement à ce sujet.

12. (inviter) Si Jean gagne le prix pour son court métrage, il nous _____ tous au

    restaurant pour en célébrer le succès.

13. (venir) Si tu _____ avec nous, nous aurions un prix réduit de groupe.

14. (être) Si je/j' _____ à ta place, j'aurais fait la même chose.

15. (mieux apprécier) Si vous aviez suivi un cours sur le film, vous _____ le talent

    et l'originalité de ce metteur en scène.

Réflexion culturelle

10-18 Journal de réflexions personnelles. M. Ibrahim joue un rôle important dans la vie de Momo. Est-ce qu'un adulte a joué un tel rôle dans votre vie ? Cette personne pourrait être votre mère ou père, votre grand-mère ou grand-père, une tante ou un oncle, un ami de la famille, un voisin, ou un professeur.

_____

_____

_____

_____

_____

_____

10-19 Dictée : Momo sourit. Vous allez écouter ce récit en entier. Puis chaque phrase sera relue et vous la retranscrirez. Ensuite, le texte sera relu en entier une dernière fois.

_____

_____

_____

_____

_____

_____

_____

11 La France vue d'ailleurs

Prononciation

 11-1 Quelques mots. Prononcez et enregistrez les mots suivants. Attention à la prononciation du son [f] et du son [v].

[f]	[v]
France	visiteur
différente	provoque
confiance	chauvin
façon	souveraineté
suffisance	revendication
affligeant	navrant
franciser	percevoir
perfection	deviner
fier	pouvoir
difficile	valeur

11-2 F ou V ? Dans les phrases suivantes indiquez quel son vous entendez.

1. f   v

2. f   v

3. f   v

4. f   v

5. f   v

6. f   v

7. f   v

8. f   v

9. f   v

10. f   v

Vocabulaire

11-3 Mon oncle est bilingue. Remplacez les tirets par le mot qui convient. Faites tous les changements nécessaires.

| appartenir | bilingue | confiance en soi | façon | identité |
| apprécier | bilinguisme | conscient | fier de | mœurs |

Mon oncle est très (1) _____ être (2) _____. Il prétend

que le (3) _____ lui donne plus de (4) _____

et lui permet de/d' (5) _____ les deux cultures auxquelles il

(6) _____. Puisque mon oncle est (7) _____ des

avantages qu'une double nationalité peut fournir, il veut que son fils apprenne le français et l'anglais comme

lui. Alors, chez lui, on ne parle que le français, tandis qu'à l'école, son fils ne parle que l'anglais. C'est de cette

(8) _____ que mon neveu aura une (9) _____ double

et s'habituera facilement aux (10) _____ des deux cultures.

11-4 Opinions et concepts. Écoutez les phrases suivantes et choisissez le mot qui correspond à la situation décrite.

1. francophobe   francophile

2. chauvin   cosmopolite

3. méprisant   tolérant

4. franciser   américaniser

5. discipliné   indiscipliné

6. arrogant   courtois

7. laïque   religieux

8. liberté   oppression

9. bilingue   monolingue

10. souveraineté   dépendance

11-5 Le snobisme de Charlotte. Remplacez les tirets par le mot qui convient. Utilisez chaque terme une seule fois et faites tous les changements nécessaires.

| affligeant | déplorable | franciser | navrant | percevoir comme |
| coupé | exécrable | s'identifier | nombrilisme | porter un jugement |

Mon amie Charlotte trouve la culture américaine (1) _____. Elle

(2) _____ plutôt à la culture française. En fait, elle essaie de

(3) _____ tout dans sa vie. Elle (4) _____ négatif sur

tout ce qui est américain, ce que je trouve (5) _____, parce que son attitude

est pleine de préjugés et ne montre que son (6) _____. En plus, elle est

(7) _____ de sa propre culture, et ses amis, qui trouvent son comportement

(8) _____ et (9) _____, la

(10) _____ un vraie snob.

Les adjectifs et les pronoms démonstratifs

11-6 Ouverture d'esprit/esprit étroit ! Remplacez les tirets par l'adjectif démonstratif qui convient, suivi de **-ci** ou **-là,** selon le cas et si nécessaire.

(1) _____ homme d'affaires que vous voyez là-bas voyage souvent en France où il

gère la division internationale d'une grande entreprise. Un de (2) _____ jours, je

voudrais travailler pour (3) _____ compagnie. C'est pourquoi j'étudie le français et

l'allemand. (4) _____ deux langues, plus l'anglais, me permettront de comprendre

(5) _____ genre d'entreprise.

Mon cousin, qui n'a jamais quitté l'état où il est né, trouve tout ce qui n'est pas américain inférieur.

Personnellement, je trouve (6) _____ attitude bien affligeante. Sa sœur pourtant, qui

a beaucoup voyagé et qui connaît plusieurs langues, sait bien que chaque culture a ses aspects positifs et négatifs.

Elle fait l'effort de comprendre et d'apprécier toutes (7) _____ différences culturelles.

—Que pensez-vous de (8) _____ deux formes d'anticléricalisme ?

—Je trouve (9) _____ anticléricalisme-_____ plus

choquant que (10) _____ anticléricalisme-_____ .

11-7 Renseignements sur la France. Linda compare la France et l'Angleterre. Elle pose des questions à son amie Kathy. Écrivez les réponses de Kathy en utilisant les pronoms démonstratifs.

MODÈLE :   Vous entendez :   De quel pays le coq est-il le symbole ?

     Vous écrivez :   C'est *celui* de la France !

1. C'est _____ de la France.

2. Ce sont _____ de l'Angleterre.

3. C'est _____ de l'Angleterre.

4. C'est _____ de la France.

5. Ce sont _____ de l'Angleterre.

6. C'est _____ de la France.

7. Ce sont _____ de la France.

8. Ce sont _____ de la France.

11-8 Deux amies différentes. Remplacez les tirets par un de ces pronoms démonstratifs : **celui, ceux, celle, celles,** suivi de **-ci, -là,** selon le cas et si nécessaire.

J'ai plusieurs amis qui ont fait des voyages un peu partout. (1) _____ qui ont visité tous les états aux États-Unis ont une bonne appréciation de la grande variation culturelle du pays. (2) _____ qui ont visité d'autres pays ont en général des idées encore plus ouvertes sur les cultures différentes. Néanmoins, j'ai deux amies qui sont allées en France et qui ont eu des expériences très différentes. Elles s'appellent Marie et Jeanne. (3) _____ a participé à un programme qui lui a permis de travailler dans un petit village où personne ne parlait anglais. (4) _____ est allée en France avec un groupe de jeunes étudiantes américaines de familles riches. Dans le petit village où Jeanne travaillait, tout le monde était très gentil avec elle et l'aidait à perfectionner son français. (5) _____ qui l'a aidée le plus était un jeune homme de son âge qui évidemment s'intéressait à elle. L'expérience de Jeanne a alors été très positive. Marie par contre a eu une très mauvaise expérience. Elle a trouvé les Français très snobs, et (6) _____ qui ne l'étaient pas, se comportaient de manière correcte, mais froide. Cependant, si vous lui posez des questions sur le comportement des étudiantes, vous saurez que les étudiantes américaines semblaient très mal élevées aux Français. Elles étaient très bruyantes et (7) _____ qui étaient les pires étaient très exigeantes en plus. Marie elle-même figurait parmi (8) _____ qui pensaient que les Français devaient tout faire pour leur plaire. Je dirais que même aux États-Unis avec nous, ses amis, Marie est beaucoup plus difficile que Jeanne. Franchement, je préfère (9) _____ à (10) _____.

11-9 Une femme extraordinaire. Remplacez les tirets par le pronom ou l'adjectif démonstratif qui convient. Les choix sont : **ce, cet, cette, ces, celui, ceux, celle, celles, ceci, cela, ça** et **ce.**

Quand j'étais au lycée, j'ai eu une prof de français qui m'a inspirée à continuer à travailler sur (1) _____ langue. Elle s'appelait Mme Loiseau et elle enseignait le français à sa manière, (2) _____ est-à-dire qu'elle nous racontait des histoires de sa vie en France et elle nous faisait lire des textes littéraires. (3) _____ dont je me souviens le mieux (4) _____ est « Le petit prince » de Saint-Exupéry. (5) _____ conte est remarquable et l'imagination de

Nom: _____   Date: _____

(6) _____ auteur est incroyable. Comme je viens de le dire, Mme Loiseau nous

racontait aussi des histoires de sa vie. (7) _____ que je préférais traitaient de sa

vie pendant la Deuxième Guerre Mondiale. (8) _____ m'a toujours

impressionnée : Mme Loiseau a dû passer plusieurs mois cachée au sous-sol de sa maison pour éviter d'être

capturée par les Allemands. Quand je pense à (9) _____ j'admire beaucoup

le courage des Français pendant la guerre. C'est de (10) _____ façon que j'ai

appris le français.

Il est, elle est, ils sont, elles sont, c'est, ce sont

11-10 Est-ce *il est* ou *c'est* ? Remplacez les tirets par **il est, elle est, ils sont, elles sont, c'est** ou **ce sont**, selon le cas.

(1) _____ l'Attachée culturelle française. (2) _____

très intéressante, et très gentille en plus. (3) _____ mon grand-père.

(4) _____ diplomate. En fait, (5) _____ un

diplomate très astucieux.

Réflexion culturelle

11-11 Journal de réflexions personnelles. À votre avis, est-ce que certains Américains sont aussi
arrogants que les Français représentés dans l'article « Rêves de grandeur » ? Ou alternativement, décrivez votre
première réaction à l'article.

_____

_____

_____

_____

_____

_____

© 2010 Pearson Education, Inc.

Il impersonnel

11-12 La météo. Écoutez le temps qu'il fait en Bretagne ; sur la Côte d'Azur, c'est le contraire. Indiquez le temps qu'il fait à Nice. Choisissez parmi les expressions suivantes.

il fait beau	il fait du vent	il fait soleil
il fait chaud	il fait sec	il gèle

À Nice,

1. _____.   4. _____.

2. _____.   5. _____.

3. _____.   6. _____.

11-13 Alexis de Tocqueville. Remplacez les tirets par l'expression impersonnelle qui convient. Utilisez chaque expression une seule fois.

il est évident	il va de soi	il est possible	il s'agit	il ne convient pas
il faut	il arrive	il est important	il est nécessaire	il est essentiel

Alexis de Tocqueville (1805–1859) est un grand penseur français du XIXe siècle qui écrit beaucoup sur la

politique en Amérique. Alors, (1) _____ que les Américains et les Français

lisent les œuvres de ce grand homme. L'œuvre la plus intéressante est peut-être « De la démocratie en

Amérique », publié en 1835. Dans ce livre, comme le titre l'indique, (2) _____

d'une analyse du système politique de ce pays. De Tocqueville admire la démocratie, et selon lui,

(3) _____ absolument protéger les droits politiques de tout le monde.

(4) _____ que la démocratie ait ses faiblesses, mais c'est vrai pour tous les

systèmes politiques. Selon de Tocqueville, (5) _____ que le système du

gouvernement français évolue. Pour de Tocqueville (6) _____ qu'un peuple

soit obligé d'obéir à un roi, une personne qui n'a pas été élue par la majorité des citoyens.

(7) _____ qu'il y ait de bons rois, mais c'est rare. Comme de Tocqueville

pense qu'il (8) _____ de protéger les droits de tous les hommes, il est aussi contre

l'esclavage, alors (9) _____ que c'est une de ses critiques de la démocratie en

Amérique. Néanmoins, vu que le nombre de considérations positives que de Tocqueville fait sur l'Amérique,

(10) _____ que ce grand auteur français préfère la démocratie américaine à la

monarchie française.

Faire causatif

11-14 Adrian reçoit des conseils. Juliette fait des suggestions à son ami qui vient d'arriver en France et se
sent un peu perdu. Utilisez les mots entre parenthèses **et le faire causatif** pour compléter les conseils de Juliette.

MODÈLE :   Vous entendez :   Ma chambre n'a pas l'internet.

Vous écrivez :   (installer) *Fais installer* l'internet.

1. (faire) _____ une carte navigo !

2. (répéter) _____ les gens !

3. (expliquer) _____ l'inscription aux cours !

4. (sourire) _____ ton concierge !

5. (écrire) _____ la lettre par un ami !

6. (se couper) _____ les cheveux chez Jean-Louis David !

7. (livrer) _____ des marchandises !

8. (décrire) _____ les tendances politiques françaises.

11-15 Georges ne fait rien lui-même. Faites des phrases causatives à partir de l'infinitif entre parenthèses, selon le modèle et au temps indiqué. Attention aux pronoms.

MODÈLE :   Il _____ (écrire) (passé composé) la lettre par son fils.

Il *a fait écrire* la lettre par son fils.

1. Georges _____ (envoyer) (présent) toutes ses lettres par son secrétaire.

2. Georges _____ (réparer) (passé composé) son ordinateur par un technicien.

3. Il _____ (se faire) (passé composé) un costume pour aller à dîner à l'Élysée.

4. Il _____ (se couper) (passé composé) les cheveux par un des meilleurs

coiffeurs de Paris.

5. Il _____ (venir) (futur) ses deux frères de Haïti l'année prochaine.

6. Il _____ (écrire) (passé composé) un essai sur de Tocqueville à ses étudiants.

7. Georges _____ (peindre) (présent) son portrait par un artiste célèbre.

8. Il _____ (tomber) (passé composé) son portable. Heureusement, il ne l'a pas cassé.

9. Son chauvinisme le_____ (ressembler) (présent) à un Français de souche.

10. Il connaît très bien les nuances du français parce que son ancienne prof de français lui

_____ (réciter) (imparfait) un proverbe chaque matin.

Verbes de perception

11-16 Images françaises. Remplacez les tirets par le verbe de perception qui convient au temps qui convient. Faites tous les changements nécessaires.

écouter	entendre	laisser	regarder	sentir	voir

1. Quand je/j' _____ parler ces deux femmes, j'ai su tout de suite qu'elles

étaient parisiennes.

2. On _____ souvent dire que les Français peuvent être très arrogants.

3. On dit que le ministre _____ tomber sa réforme par crainte de grèves.

4. Une fois de plus, nous _____ les jeunes manifester dans la rue.

5. Nous les _____ crier des slogans contre le ministre de l'éducation.

6. Si les Français _____ le gouvernement supprimer certains privilèges, la dette

   publique diminuerait.

7. Vous dites que vous _____ ces gens critiquer le gouvernement ? Qu'est-ce

   qu'ils ont dit ?

8. Le public _____ la voix du ministre trembler quand il a parlé de la violence

   dans les banlieues.

9. Taisez-vous et _____ le premier ministre faire son discours. Je voudrais

   entendre ce qu'il dira sur les banlieues.

10. Avant le match, tous les spectateurs se sont levés pour _____ chanter la

    Marseillaise.

11-17 Dictée : Comment Luke, un jeune Anglais, voit les Français. Vous allez écouter ce récit en entier. Puis chaque phrase sera relue et vous la retranscrirez. Ensuite, le texte sera relu en entier une dernière fois.

_____

_____

_____

_____

_____

_____

_____

_____

12 La France et l'Europe

Prononciation

 12-1 Quelques mots. Prononcez et enregistrez les mots suivants. Attention à la prononciation du son [t] et du son [d].

[t]	[d]
éternité	aide
constitution	adhésion
souveraineté	droit
soutenir	sauvegarde
traité	développement
institution	définition
sécurité	difficulté
état	idéalisme
intérêt	solidification
fierté	diversification

 12-2 Quel son ? Choisissez le mot que vous entendez.

1. tire   dire   7. temps   dans

2. toute   doute   8. tu   du

3. ton   don   9. monte   monde

4. trois   droit   10. vite   vide

5. teint   daim   11. cote   code

6. toit   doigt   12. tard   dard

Vocabulaire

12-3 L'Union européenne. Remplacez les tirets par le mot de la liste qui convient. Faites tous les changements nécessaires.

l'adhésion	la diversité	la paix	la souveraineté	s'unir
la constitution	l'identité	rayonner	l'unification	valeur

1. _____ de tous les pays européens sera difficile à réaliser parce qu'on

   veut à la fois respecter _____ individuelle des pays membres

   et _____ culturelle et ethnique des citoyens.

2. _____ de l'Union Européenne a pour mission le soutien

   de _____ et le développement économique et social des pays membres.

3. À cause de leurs cultures et de leurs _____ différentes, les pays membres

   de l'Union Européenne ont parfois des difficultés à _____ sur certains principes,

   surtout quand il est question de _____ de chaque pays. Néanmoins,

   _____ à l'Union Européenne est importante si les pays membres veulent voir

   _____ l'influence de l'Europe dans le monde.

12-4 Caractéristiques de l'Union. Écoutez les phrases suivantes et choisissez le mot ou l'expression qui correspond à la situation décrite.

1. une alliance   l'antagonisme   la constitution

2. la paix   la guerre   la loi

3. la solidarité   l'identité   la sécurité

4. la concurrence   la coopération   la croissance

5. le réchauffement   la protection   la solidarité

6. l'éthique   la sauvegarde   la justice

7. la banque   l'euro   le commerce

8. le parlement   un traité   l'union

9. la souveraineté   l'élargissement   l'adhésion

10. agricole   financier   monétaire

12-5 Valeurs de l'Europe. Remplacez les tirets par le mot de la liste qui convient.

> biotechnologie   investissements   réchauffement planétaire
> coopération   mondialisation   sécurité alimentaire
> énergies renouvelables   monétaire
> espèces animales menacées   protection de l'environnement

Il y des gens contre la (1) _____ parce qu'ils prétendent que cette tendance va

rendre toutes les cultures européennes homogènes. Beaucoup de pays européens s'intéressent à l'écologie,

mais l'unification de l'Europe va aider les états membres à s'unir pour la (2) _____.

Comme on ne veut pas voir des espèces disparaître de la terre, on pourrait faire encore plus pour

sauvegarder les (3) _____. L'Europe a admis beaucoup plus vite que les

États-Unis que le climat est en train de changer parce que nous produisons trop de pollution. Elle lutte

plus que les États-Unis pour contrôler le (4) _____. Finalement, les Européens

se préoccupent de la qualité de la nourriture. Avec l'Union Européenne il sera beaucoup plus facile de

promulguer des lois pour assurer la (5) _____. L'économie européenne est

également en train de s'épanouir. Les pays européens, et surtout la France, font des recherches importantes en (6) _____. En fait, une des plus grandes compagnies pharmaceutiques du

monde est française, Sanofi-Aventis. Comme la protection de l'environnement est si importante,

la recherche d' (7) _____ attire l'attention des chercheurs. En plus, la

(8) _____ économique et la création d'un seul système

(9) _____ encouragent les (10) _____ en Europe.

La voix passive

12-6 Carlos et Kristen. Écoutez les phrases et indiquez si elles sont à la forme active ou passive.

1. actif   passif   6. actif   passif

2. actif   passif   7. actif   passif

3. actif   passif   8. actif   passif

4. actif   passif   9. actif   passif

5. actif   passif   10. actif   passif

12-7 Mesures prises par l'Union. Remplacez les tirets par le participe passé du verbe entre parenthèses. Ajoutez **par** lorsque c'est nécessaire. Faites attention à l'accord du participe passé.

1. La constitution européenne n'a pas été _____ (approuver) la France et Les Pays-Bas.

2. Des lois pour protéger l'environnement seront _____ (promulguer) le Conseil d'Europe.

3. Le climat est _____ (affecter) la pollution et la déforestation.

4. Le système monétaire a été _____ (changer) en 2002.

5. Les victimes des grands incendies en Europe ont été _____ (aider) l'Union européenne.

6. Le budget européen sera _____ (décider) le Parlement et le Conseil.

7. La langue et la culture de chaque pays sont _____ (protéger) la constitution.

8. La diversité de tous les citoyens doit être _____ (respecter) la constitution.

9. Le développement économique serait _____ (favoriser) l'Union européenne.

10. Les droits de l'homme étaient _____ (considérer) importants même au XVIIIe siècle.

12-8 L'Union prend des mesures. Mettez les phrases de l'exercice **12-7** à l'actif.

1. _____

2. _____

3. _____

4. _____

5. _____

6. _____

7. _____

8. _____

9. _____

10. _____

Réflexion culturelle

12-9 Journal de réflexions personnelles. Connaissez-vous des couples multinationaux ? À votre avis est-ce que ces couples doivent faire face à plus d'obstacles que les couples de même culture ? Y a-t-il des préjugés contre les couples mixtes ? Est-ce que l'attitude envers les couples multinationaux va éventuellement changer ?

_____

_____

_____

_____

_____

_____

L'adjectif indéfini

12-10 La constitution européenne en danger. Remplacez les tirets par l'adjectif indéfini de la liste qui convient. Utilisez chaque terme une seule fois et faites tous les changements nécessaires.

| aucun | certain | différent | même | plusieurs | tout |
| autre | chaque | divers | nul | quelques | |

Bien que l'Union européenne existe depuis plus de cinquante ans, elle n'est pas sans controverses. Par

exemple, (1) _____ les pays membres ont eu la possibilité de voter la

ratification de la constitution, mais la France et les Pays-Bas ont voté « Non » en 2005.

Maintenant, (2) _____ pays doit participer à la création d'une nouvelle

constitution. Actuellement, (3) _____ projets sont étudiés. Pourquoi la France

et les Pays-Bas ont-ils voté contre la constitution ? Il y a (4) _____ raisons pour

ce vote négatif. (5) _____ citoyens pensaient qu'il n'y aurait plus de différences

culturelles si les pays s'unissaient. D' (6) _____ citoyens pensaient que

l'économie de leur pays souffrirait. (7) _____ raisons ont de la validité, mais

d'autres n'existaient que dans l'imagination des gens. Les controverses montrent qu'il est difficile d'unir les

gens qui ne partagent pas la (8) _____ culture. Parfois les différences sont

minimes, mais (9) _____ différence n'est sans importance. Néanmoins, avec

du travail et de la bonne volonté, et après avoir résolu (10) _____ difficultés,

les pays membres arriveront à un accord pour une nouvelle constitution.

Nom: _____   Date: _____

Le pronom indéfini

12-11 Christine et Juan Carlos se marient. Remplacez les tirets par le pronom indéfini de la liste qui convient. N'oubliez pas de mettre les termes au pluriel ou au féminin, lorsqu'il le faut.

aucun	chacun	quelque chose	quelqu'un
l'autre	nul	quelque part	tout
certains	plusieurs	quelques-uns	

Christine, une jeune Française, et Juan Carlos, un jeune Espagnol, veulent se marier. Néanmoins,

(1) _____ de leurs amis leur disent que les mariages binationaux peuvent être

difficiles. (2) _____ disent qu'on ne peut jamais oublier les différences

culturelles, même si les deux personnes sont européennes et partagent la même religion.

Les (3) _____ prétendent que ces mariages binationaux posent des problèmes

pour les enfants. Christine et Juan Carlos ont écouté les idées de (4) _____

de leurs amis, mais finalement, ils ont décidé qu'ils s'aimaient assez pour résoudre toutes ces difficultés.

(5) _____ ne leur semblait sans solution. D'abord, Juan Carlos

avait étudié en France, donc il connaissait bien la culture française. Christine avait travaillé

(6) _____ en Espagne et, pour sa part, connaissait la culture espagnole.

Quant aux enfants, elle avait lu (7) _____ sur les bénéfices du bilinguisme

pour les jeunes. Alors, (8) _____ ce qu'on pouvait dire de négatif sur les mariages

binationaux était contrebalancé par des avantages. En fait, (9) _____ des avantages

étaient même plus importants que les désavantages. Donc, (10) _____ peut avoir

une opinion, mais en fin de compte, c'est le couple qui doit décider.

Adjectif et pronom indéfini

 12-12 Nolwenn voit l'Europe de façon positive ; Keith de façon négative. Complétez ce que dit Keith en utilisant un pronom ou un adjectif indéfini.

MODÈLE :   Vous entendez :   Tous mes amis protègent l'environnement.

                       Vous écrivez :   *Aucun de mes amis* ne protège l'environnement.

1. _____ n'est en faveur de l'Europe.

2. Ma meilleure amie _____ veut étudier _____

   en Europe.

3. _____ n'est bilingue.

4. Je _____ ai _____ affinité avec les jeunes Européens.

5. L'Union _____ veut _____ faire pour

   l'environnement.

6. _____ pays _____ veut une plus grande

   coopération.

7. _____ empêchera une plus grande intégration.

8. _____ membre _____ souhaite un élargissement

   de l'Union.

Prépositions

12-13 Jean-Pierre s'intéresse à la politique. Remplacez les tirets par la préposition **à, de** ou **en,** selon le cas. Ajoutez l'article défini, si nécessaire.

Jean-Pierre s'intéresse à la politique et voudrait étudier l'histoire de l'Union européenne. Alors, il a décidé d'aller

(1) _____ Strasbourg pour visiter la ville où se réunissent les pays membres.

Il a pris le train (2) _____ Paris pour y aller. Jean-Pierre a eu la chance d'interviewer

quelques gens importants. Après avoir visité Strasbourg qui est près de la frontière entre la France et l'Allemagne,

Jean-Pierre a décidé d'aller (3) _____ Allemagne parce qu'il ne connaissait pas bien

ce pays. Certes, il avait visité d'autres pays européens. L'été précédent, il était allé

(4) _____ Italie où il a beaucoup appris sur l'art et l'architecture de la Renaissance.

Jean-Pierre a aussi vécu pendant quelques mois (5) _____ Portugal. Il a trouvé la vie

là-bas très tranquille et agréable. Après deux semaines de tourisme, Jean-Pierre est parti

(6) _____ Allemagne pour rentrer (7) _____ France.

Un de ces jours, il voudrait visiter d'autres pays qui ne sont pas européens. Par exemple, il voudrait aller

(8) _____ Israël pour travailler dans un kibboutz. Comme la culture égyptienne le

fascine, Jean-Pierre voudrait aussi aller (9) _____ Caire

(10) _____ Égypte. Comme il a un oncle qui vit

(11) _____ États-Unis, il serait facile de visiter ce pays.

Et (12) _____ États-Unis, il pourrait plus facilement aller

(13) _____ Amérique du Sud. Puisqu'il parle portugais, il pourrait même peut-être

trouver du travail (14) _____ Rio de Janeiro

(15) _____ Brésil.

Nom: _____   Date: _____

12-14 Christine et Juan Carlos décident de vivre en Espagne. Remplacez les tirets par la préposition de la liste qui convient.

à	au	chez	jusqu'au	parmi
à côté de	au milieu de	en	loin de	près de

Après s'être mariés, Christine et Juan Carlos devaient prendre une décision difficile : où est-ce qu'ils allaient

vivre ? Ils ont décidé de vivre en Espagne dans une petite ville juste (1) _____

Barcelone. Christine aurait préféré vivre (2) _____ ses parents, qui sont à

Saint-Malo, mais Juan Carlos avait trouvé un très bon poste à Barcelone, qui est évidemment trop

(3) _____ Saint-Malo. Donc, ils n'avaient vraiment pas le choix. Néanmoins,

Barcelone a quelques avantages. Les parents de Juan Carlos vivent à Majorque, alors le couple peut leur

rendre visite souvent et rester (4) _____ eux. Le voyage

(5) _____ avion est assez rapide, ne coûte pas cher, et les parents de Juan

Carlos sont toujours heureux de les recevoir. À Majorque, Juan Carlos et Christine peuvent se reposer

(6) _____ soleil ou faire des promenades (7) _____

cheval à la plage. Ils apprécient de passer souvent du temps (8) _____ des gens qui

les aiment. Néanmoins, il ne faut pas que le couple oublie les parents de Christine. De Barcelone, ils peuvent

aller à Saint-Malo soit (9) _____ train soit (10) _____

voiture. Il ne fait pas aussi beau à Saint-Malo qu'à Barcelone et qu'à Majorque, mais il y a beaucoup de choses à

faire. Ils aiment bien faire des promenades (11) _____ bicyclette ou faire de la

pêche (12) _____ bateau. Ils aiment aussi visiter la Bretagne et la Normandie

et parfois aller (13) _____ Mont-Saint-Michel, qui n'est pas très

(14) _____ Saint Malo. Le vieux monastère du Mont-Saint-Michel est très

impressionnant, surtout à marée haute quand il se trouve (15) _____ l'océan.

12-15 Dictée : Comment Isabelle voit l'Europe. Vous allez écouter ce récit en entier. Puis chaque phrase sera relue et vous la retranscrirez. Ensuite, le texte sera relu en entier une dernière fois.

_____

_____

_____

_____

_____

_____

_____